# ANCORADO

## Elogios a *Ancorado*

"Apresentando a celebrada Teoria Polivagal de Stephen Porges, em linguagem clara e concisa, Deb Dana nos leva a entender e fazer as pazes com nosso sistema nervoso autônomo por meio de exercícios simples, envolvendo suas capacidades de cura para nos conectarmos a nós mesmos e ao nosso mundo social."

**GABOR MATÉ, MD**
autor de *In the Realm of Hungry Ghosts*

"Terapeuta mestre em traumas e instrutora clínica, Deb Dana já é bem conhecida e profundamente admirada pela destreza de suas traduções de ciência complicada — neurocepção e hierarquia autônoma — em algo acessível e de bom senso. Trabalhamos com Histórias, Ações, Sentimentos e sensações Corporificadas (*Stories, Actions, Feelings, and Embodied sensations*, ou SAFE, em inglês) para voltarmos às origens de segurança, conexão e bem-estar. Em *Ancorado*, ela muda radical — e magistralmente — todo o foco de nossos paradigmas atuais de cura e crescimento para um novo vocabulário e novas práticas para regular a (re)atividade do sistema nervoso humano que fundamenta todas as nossas lutas pessoais e as histórias que contamos a nós mesmos sobre elas. Deb oferece uma variedade de explorações e práticas facilmente executáveis para percebermos, aproximarmo-nos, mudarmos e moldarmos nossas respostas automáticas a gatilhos de falta de segurança e perigo. Ela nos conduz por meio de exemplos vívidos e explorações empíricas, levando-nos de maneira confiável às nossas origens, à segurança, à conexão e ao bem-estar. Podemos todos agradecer pela orientação sábia do roteiro proporcionado por *Ancorado*."

**LINDA GRAHAM, MFT**
autora de *Resilience*

"*Ancorado* é um guia lindo e quase lírico para nos aproximarmos do nosso sistema nervoso de maneiras que nos permitam mergulhar mais nas maravilhas misteriosas de viver e amar. Deb Dana traduziu elegantemente a neurociência em palavras e experiências cotidianas que ilustram como entramos e saímos de estados de conexão segura e estados de autoproteção, guiados pelo nosso sistema nervoso, que é maravilhosamente complexo e adaptável. Cheio de exemplos e exercícios simples e claros, este livro adorável dá apoio a uma curiosidade crescente e à consciência das mudanças sutis que ocorrem em nossos corpos conforme nosso sistema nervoso reflete histórias antigas e cria outras, novas, sobre quem somos e como transitamos pelo mundo. Leitores de todas as esferas da vida vão achar este livro acessível e prático para reconhecer e compreender padrões de autoproteção que nos impedem de avançar e aprender como podemos nos (re)ancorar regularmente no amar e viver com profundidade."

**KATHY STEELE, MN, CS**
coautora de *Treating Trauma-Related Dissociation*

DEB DANA

# ANCORADO

*Como Fazer as Pazes com Seu Sistema Nervoso Usando a Teoria Polivagal*

EDITORA ALAÚDE
Rio de Janeiro, 2025

# Ancorado


ISBN: 978-85-788-1761-9



Impresso no Brasil — 1ª Edição, 2025 — Edição revisada conforme o Acordo Ortográfico da Língua Portuguesa de 2009.

Dados Internacionais de Catalogação na Publicação (CIP)
**(BENITEZ Catalogação Ass. Editorial, MS, Brasil)**

D286a
1.ed. Dana, Deb
Ancorado / Deb Dana ; tradução Christiano Sensi. - 1.ed. - Rio de Janeiro : **Alaúde Editorial**, 2025
240 p.; 15,7 x 23 cm.
Título original: Ar', 2025.
ISBN 978-85-7881-761-9

1. Desenvolvimento pessoal. 2. Medicina. 3. Neurociência. 4. Psicologia. 5. Teoria Polivagal. I. Sensi, Christiano. II. Título.

02-2025/92 CDD 158.1

**Índice para catálogo sistemático:**
1. Desenvolvimento pessoal : Psicologia 158.1
**Aline Graziele Benitez - Bibliotecária - CRB-1/3129**



**"Nome da editora" uma Editora do Grupo Editorial Alta Books**

**Produção Editorial:** Grupo Editorial Alta Books
**Diretor Editorial:** Anderson Vieira
**Vendas ao Governo:** Cristiane Mutüs
**Gerência Comercial:** Claudio Lima
**Gerência Marketing:** Andréa Guatiello

**Produtor Editorial:** Karma Brandão
**Tradução:** Christiano Sensi
**Copidesque:** Edite Siegert
**Revisão:** Karina Pedron e Ederli Fortunato
**Diagramação:** Catia Soderi

ALTA BOOKS
GRUPO EDITORIAL

Rua Viúva Cláudio, 291 — Bairro Industrial do Jacaré
CEP: 20.970-031 — Rio de Janeiro (RJ)
Tels.: (21) 3278-8069 / 3278-8419
**www.altabooks.com.br** — altabooks@altabooks.com.br
**Ouvidoria:** ouvidoria@altabooks.com.br

Editora **afiliada à:**

*Para minha família polivagal*

## LIVROS DE DEB DANA

*The Polyvagal Theory in Therapy:*
*Engaging the Rhythm of Regulation*

*Polyvagal Exercises for Safety and Connection:*
*50 Client-Centered Practices*

*Polyvagal Flip Chart:*
*Understanding the Science of Safety*

*Clinical Applications of the Polyvagal Theory: The Emergence of Polyvagal-Informed Therapies (with Stephen W. Porges)*

*Befriending Your Nervous System:*
*Looking Through the Lens of Polyvagal Theory*

# SUMÁRIO

# PREFÁCIO

do Dr. Stephen W. Porges

Conforme li *Ancorado*, reconheci que Deb Dana vem fazendo uma contribuição importante ao proporcionar uma metáfora poderosa, que ilustra como o sistema nervoso regula seus recursos para gerar uma plataforma neural para o comportamento social e obter os benefícios da corregulação. Em *Ancorado*, Deb compartilha suas habilidades intelectuais cheias de insights, traduzindo as construções neurofisiológicas complexas incorporadas na Teoria Polivagal a uma linguagem acessível. Vinculando palavras a visualizações, e visualização a sentimentos corporais, seus dons vão muito além das habilidades linguísticas, e trazem efetivamente sentimentos corporais à consciência. Por meio dessa estratégia, Deb ensina ao leitor de *Ancorado* as habilidades para se conduzir de volta ao seu corpo com segurança.

De uma perspectiva polivagal, Deb conduz hábil e eficientemente os leitores por exercícios neurais estruturados, que permitem que seus sistemas nervosos propiciem suporte a funções homeostáticas de forma mais eficiente, levando à saúde, ao crescimento e à restauração. Ou, em termos mais sucintos, ela descreve exercícios neurais que vão proporcionar recursos para fazer as ameaças decrescerem e permitir o engajamento social espontâneo, que, em associação, criam um caminho fluido em direção à corregulação e à incorporação. O produto dessa estratégia é um sistema nervoso mais resiliente, que serve de base tanto à saúde mental quanto à física.

Ao ler *Ancorado*, concentrei-me no paralelo entre as estratégias de comunicação internamente ao corpo e entre indivíduos. Esses são níveis interdependentes de corregulação, uma vez que um sistema nervoso regulado e com recursos reduz espontaneamente as reações defensivas, enquanto um sistema nervoso em estado de ameaça crônica reduz as oportunidades de engajamento social. Felizmente, nós, como mamíferos sociais, ao longo de nossa história evolutiva, desenvolvemos um portal para regular nossas reações de ameaça por meio da neurocepção de segurança. No entanto, o acesso a esse portal é muito influenciado pelo estado neural do indivíduo. Se o sistema nervoso autônomo tiver bons recursos, somos resistentes e há um limiar baixo para desencadear estados de segurança, que levariam ao engajamento social espontâneo e à corregulação. Por outro lado, se estivermos presos a um estado defensivo, sentimentos de segurança podem não ficar facilmente acessíveis.

O título *Ancorado* serve como metáfora, que Deb usa brilhantemente para criar a visualização de um lugar seguro dentro do conceito de recursos pessoais dos indivíduos (por exemplo, sistema nervoso, conceito de *self*). Em sua jornada pessoal de incorporação, isso lhes proporciona atributos como resiliência, autorregulação interna e corregulação com os outros.

Funcionalmente, a jornada exige que, primeiro, nós nos tornemos conscientes dos circuitos neurofisiológicos envolvidos nos sentimentos de segurança, de perigo e de ameaça à vida; segundo, que nos tornemos conscientes do poder da neurocepção, a detecção de sinais de ameaça e segurança sem consciência; e terceiro, que, por meio de visualizações e experiências, nos tornemos conscientes das mudanças no estado autônomo. Como um pacote, essa sequência pode ser conceituada como um grupo de exercícios neurais, que promoveriam maior autoconsciência e autorregulação, levando a uma maior resiliência.

Em um artigo recente, enquadrei a Teoria Polivagal como uma extrapolação científica da jornada filogenética em direção à sociabilidade funcionalmente expressa em mamíferos sociais, que evoluíram de répteis associais. Através dessa jornada, o portal neurofisiológico para a sociabilidade exigiu um mecanismo eficiente para detectar a segurança e, reflexivamente, reduzir as defesas. Basicamente, os mecanismos neurais subjacentes à sociabilidade permitem a rápida transição de reações agressivas ou submissas à ameaça para uma fisiologia que permite a acessibilidade e promove oportunidades de corregulação. Como cientista e criador da Teoria Polivagal, minha narrativa descrevendo e justificando a teoria continua a evoluir. Embora o mundo da terapia de traumas tenha compreendido rapidamente a importância da teoria no que se refere às experiências de seus pacientes, fui mais lento em compreender o significado da teoria no tratamento de traumas e outros transtornos relacionados à saúde mental. Tive que aprender com terapeutas e seus clientes, que me informaram sobre o valor da teoria, tanto na prática clínica quanto na transformação da narrativa pessoal de sobreviventes de traumas.

Deb Dana é uma dessas terapeutas perspicazes e articuladas que me informou sobre o papel que a Teoria Polivagal pode desempenhar, tanto no processo clínico quanto nas interações sociais cotidianas. Deb abraçou rapidamente a teoria e, por meio de seus insights únicos e habilidades de comunicação, tornou-a mais acessível não apenas aos terapeutas, mas como um mapa para entender nossos papéis pessoais em nossas interações sociais diárias. Em seu trabalho, Deb expressou que são os sentimentos corporais, e não os eventos, que são os pontos centrais da experiência do trauma. Seu trabalho se concentra no tema central por meio do qual as terapias que incorporaram a Teoria Polivagal funcionam.

As terapias que incorporaram a Teoria Polivagal mudam o foco terapêutico do evento traumático para a sensação corporal. Esta é uma transformação teórica importante sobre como o trauma é tratado e incorporado no sistema nervoso do sobrevivente. No nível fundamental, a Teoria Polivagal enfatiza que o estado fisiológico forma a variável interveniente que determina nossa reatividade a gatilhos e contextos. Assim, a teoria enfatiza que o determinante primário do resultado não é o trauma como um evento. Ela enfatiza que esse determinante é o reajuste da regulação neural do sistema nervoso autônomo para dar suporte às reações à ameaça. Isso não exclui a importância do evento traumático, mas reconhece as grandes diferenças individuais nos resultados de experiências traumáticas em comum. A perspectiva polivagal do trauma difere do foco da pesquisa epidemiológica, que enfatiza escalas como as Experiências Adversas na

Infância (Adverse Childhood Experiences, ou ACEs, em inglês) e a identificação de eventos específicos como causais na conceituação do Transtorto de Estresse Pós-Traumático - TEPT. Esta estratégia redefine o trauma e o transfere de dentro do indivíduo para se tornar um evento externo.

Modelos epidemiológicos contemporâneos predominantes assumem que os eventos relevantes podem ser avaliados quantitativamente ao longo de um espectro de gravidade de trauma, estresse ou abuso. No entanto, a Teoria Polivagal muda o diálogo do evento externo para o sistema neural interveniente, que pode ser vulnerável ou resistente à ameaça. Se o indivíduo estiver em um estado vulnerável, eventos de menor intensidade podem interromper a função neural e mudar o sistema nervoso de um estado que dê base à homeostase para um estado vulnerável, que reflita a desestabilização autônoma com consequentes comorbidades. Se o sistema for resiliente, ele pode amortecer funcionalmente o impacto de eventos de maior intensidade. A teoria sugere que um profundo reajuste do sistema nervoso autônomo após o evento traumático é uma consequência adaptativa da sobrevivência ao trauma.

Para explorar essa variável interveniente na pesquisa de levantamento, criamos o Questionário de Percepção Corporal (QPC), também conhecido como Body Perception Questionnaire, ou BPQ, em inglês. O QPC é relativamente curto e avalia a reatividade do nosso sistema nervoso autônomo. Sua psicometria está bem estabelecida e vários estudos foram publicados usando essa escala (que, com informações de pontuação, estão disponíveis no meu website, stephenporges.com). Nas minhas pesquisas e nas da minha colega, documentamos o papel profundo da regulação autônoma como uma variável interveniente que mede o impacto do histórico de adversidade. Descobrimos que, se adultos com histórico de adversidade também tivessem um sistema nervoso autônomo ajustado para reagir à ameaça, os resultados seriam piores. Isso foi confirmado por dois estudos publicados recentemente: um investigando a função sexual e o outro explorando as reações de saúde mental durante a pandemia.

Essa ênfase na sociabilidade transforma a Teoria Polivagal em uma perspectiva clinicamente relevante. Há mais de 25 anos, quando os princípios iniciais da teoria foram introduzidos, a aplicação na medicina básica era mais central para a teoria do que aplicações em saúde mental. Achei que ela teria força em obstetrícia, neonatologia, pediatria, cardiologia e outras especialidades médicas preocupadas com a função autônoma atípica. À medida que ouço Deb e sou informado sobre suas aplicações e percepções, a Teoria Polivagal assume novos significados na compreensão e no tratamento da saúde mental e física. Ao abraçarmos a mensagem central da teoria de que somos uma espécie social, sem a acessibilidade de nossa herança mamífera, reconhecemos que não temos os recursos neurais para ficarmos seguros e nos corregularmos com os outros. Essa herança gira em torno de duas características exclusivamente mamíferas: uma é um processo de neurocepção que permite a redução de estados de defesa por meio da detecção reflexiva de sinais de segurança; a segunda é um circuito neural, o complexo vagal ventral, e sua capacidade de acalmar as defesas e proporcionar sinais de segurança por meio de um sistema de engajamento social integrado. Essa herança conecta o comportamento e a experiência psicológica a mecanismos neurofisiológicos definíveis e mensuráveis, um elo que une a saúde mental e física e dissipa os mitos de independência de uma em relação à outra.

*Ancorado* foca o ousado problema terapêutico de como retornar à segurança do nosso corpo. O livro trata de nos familiarizarmos novamente com nossas sensações corporais, sem as associações familiares dessas sensações a eventos perigosos. Ao estabelecer uma âncora segura dentro do nosso corpo, podemos explorar com segurança sentimentos que antes seriam desestabilizadores. Ter uma âncora proporciona a estabilidade para explorarmos e sentirmos com segurança as feridas ainda retidas no corpo. Este processo apoia a jornada de cura, na qual o sistema nervoso se torna suficientemente resistente para se envolver com os outros e encontrar humor e excitação, em vez de ameaça, enquanto navega em um mundo complexo e frequentemente imprevisível. Com *Ancorado*, Deb dominou uma linguagem que permite a todos nós, independentemente da educação e profissão, experimentarmos ações abertas e visualizações reservadas como exercícios neurais eficientes para percorrermos metaforicamente o caminho que leva a sentimentos internos de segurança, que agora estão ancorados no sistema nervoso.

# INTRODUÇÃO

A Teoria Polivagal é a ciência de se sentir seguro o suficiente para se apaixonar pela vida e correr os riscos de viver.

Fomos configurados para nos conectar. Nossos sistemas nervosos são estruturas sociais que encontram equilíbrio e estabilidade no relacionamento com os outros. Pense nisso por um momento. Nossa biologia molda a maneira como navegamos pela vida, pelo amor e pelo trabalho. E agora temos uma maneira de usar esse entendimento para o bem-estar individual, familiar, comunitário e global. Esse "caminho" é chamado de Teoria Polivagal. A Teoria Polivagal foi desenvolvida na década de 1990 por Stephen Porges. Ela explica a ciência da conexão, oferecendo um mapa do sistema nervoso para guiar nossa exploração, além de habilidades que podemos praticar para fortalecer nossa capacidade de nos ancorarmos a nós mesmos e uns aos outros, na segurança e regulação, perante os desafios ao nosso senso de equilíbrio.

Desde 2014, colaboro com o Dr. Porges, tendo-o como mentor, coautor, colega e amigo, e venho traduzindo ativamente a ciência da Teoria Polivagal à aplicação clínica. Com este livro, espero ir ainda mais longe na tradução da Teoria Polivagal, para que qualquer pessoa possa ter acesso aos seus conceitos principais e experimentar seus muitos benefícios para viver e navegar pela vida com mais facilidade.

Mesmo com essa tradução, haverá terminologia nova para se aprender. Embora palavras como *neurocepção*, *hierarquia*, *vagal ventral*, *simpático* e *vagal dorsal* possam parecer assustadoras no início, vou ajudá-lo a se tornar fluente no vocabulário básico e sentir-se confortável ao falar a língua do sistema nervoso. Nos capítulos a seguir, você verá que, às vezes, substituo as palavras *seguro*, *conectado* ou *regulado* por *vagal ventral*; *mobilizado* ou *estado de lutar ou fugir* por *simpático*; e *desconectado*, *fechado* ou *desmoronado* por *dorsal*. Conforme você for fazendo as pazes com seu sistema nervoso, terá a oportunidade de encontrar suas próprias palavras.

O sistema nervoso autônomo humano evoluiu ao longo de muitos milênios e baseia-se em um design universal que serve como denominador comum em toda a experiência humana. Chamado de autônomo como referência à maneira autônoma e automática com que funciona, esse sistema regula órgãos internos e processos corporais, incluindo batimentos cardíacos, ritmos respiratórios, pressão arterial, digestão e metabolismo. O papel do sistema nervoso autônomo é armazenar, conservar e liberar energia para nos ajudar a transitar, com segurança, por nossas vidas diariamente.

Esse sistema funciona de maneiras previsíveis, e essa experiência compartilhada nos une. Olhando pelas lentes do sistema nervoso, entendemos que estamos todos tentando nos ancorar no estado de segurança que dá base à conexão conosco, com os outros, com o mundo e com o espírito, e fornece a energia de que precisamos para navegar por nossos dias. Quando o funcionamento de nossa biologia é um mistério, nós nos sentimos à mercê de experiências desconhecidas, inexplicáveis e imprevisíveis. Depois que sabemos como nosso sistema nervoso funciona, podemos trabalhar com ele. À medida que aprendemos a arte de fazer as pazes com o sistema nervoso, aprendemos a nos tornar operadores ativos desse sistema essencial.

Um sistema nervoso regulado é fundamental para se navegar pelo mundo com uma sensação de segurança e tranquilidade. Todos nós encontramos problemas ao longo do dia. Alguns são mais facilmente gerenciados do que outros, mas, não importa em que ponto do espectro, de leve a traumático, uma experiência caia, entender como o sistema nervoso funciona é o meio para encontrarmos o caminho de volta à regulação. Quando aprendemos a nos aproximar do sistema nervoso, rastrear estados e nos ancorar na segurança autônoma, os desafios inevitáveis que todos enfrentamos não são mais tão assustadores. Se deixarmos um problema de lado e voltarmos nossa atenção para aprender como moldar nossos sistemas na direção da segurança e conexão, podemos retornar ao problema e vê-lo de uma nova maneira. Quando estamos ancorados a um sistema regulado, as opções aparecem e as possibilidades emergem.

## Como Usar Este Livro

Nossas histórias sobre quem somos e como vemos o mundo começam em nossos corpos. Antes que o cérebro possa reunir pensamentos e linguagem, o sistema nervoso inicia uma resposta que nos move em direção a uma experiência e para a conexão; ele nos leva à proteção mobilizadora de lutar e fugir, ou nos resgata por meio do fechamento e da desconexão.

Como começamos a fazer as pazes com esse sistema? Como aprendemos a nos sintonizar com nosso interior e nos voltar para as informações importantes que nosso sistema nervoso contém, e usá-las para sermos autores ativos de nossas histórias pessoais? O encontro consciente com o sistema nervoso autônomo começa com a compreensão da maneira como esse sistema funciona e a criação de habilidades para seguirmos o fluxo de momento a momento entre ação, afastamento e conexão. Com essa consciência, podemos trazer práticas para suavemente moldar o sistema de novas formas e aproveitar a sensação de tranquilidade que vem de vivermos com um sistema nervoso que responda com flexibilidade aos desafios ordinários — e às vezes extraordinários — que encontramos a cada dia.

Os capítulos deste livro oferecem pequenos passos que ajudam você a fazer as pazes com seu sistema nervoso. As práticas experienciais vão se construindo de capítulo a capítulo, em uma ordem projetada para evitar que o processo pareça opressivo. Cada capítulo oferece práticas, rotuladas como "explorações", para trazer a parte teórica para uma experiência incorporada. Depois de concluir o livro, você pode reler os capítulos e retornar às explorações. Elas são oferecidas para que você possa experimentá-las à medida que avança e, em seguida, retornar àquelas que o ajudam a sentir uma sensação de bem-estar, e torná-las parte de uma prática contínua. Muitas das explorações incluem uma sugestão para documentar o que você descobrir e desejar lembrar. Escolhi a palavra "documentar" para convidar o uso tanto de palavras como de imagens. Às vezes, você descobre que uma única palavra ou vários itens o ajudam a manter as novas informações, enquanto, em outras, você decide que um texto mais longo ou ilustrações e cores são a forma de registrar o que é importante. Cada convite para documentar é um convite para escolher como você deseja lembrar e revisitar o que descobriu.

Ao longo dos capítulos do livro, você aprenderá sobre os princípios básicos da Teoria Polivagal e, então, trará a ciência para a aplicação cotidiana, com explorações que dão vida à teoria. Minha esperança é que, quando tiver terminado o livro, você esteja transitando pelo mundo de uma nova maneira e experimentando os poderosos benefícios que vêm com a descoberta de seus caminhos pessoais para a calma e a conexão.

Este processo de fazer as pazes com o sistema nervoso é uma jornada contínua de descoberta. Venho explorando esse território há um longo tempo e tenho sabedoria e experiência para compartilhar. E, assim como você, ainda sou desafiada por experiências diárias e ainda me vejo em momentos de bagunça, em que perco a minha ancoragem ao meu estado conhecido como "regulação e segurança vagal ventral". Quando isso acontece, preciso lembrar o que sei e recolocá-lo em prática.

O título deste livro, *Ancorado*, é uma palavra que você ouvirá repetidamente ao longo dos capítulos. Cresci perto da água, entendendo como as âncoras são essenciais para permanecermos seguros em resposta a condições mutáveis. Uma âncora fica cravada no fundo do oceano, com corda suficiente entre si e o barco para mantê-lo seguro em um lugar, mas com margem de manobra suficiente para se mover em resposta a mudanças no mar e no vento. A segurança vem com uma âncora firmemente instalada e a quantidade certa de corda. Quando estamos ancorados, temos a sensação de termos base com segurança para podermos nos aventurar sem ficar à deriva. Estamos conectados a um estado de regulação e temos espaço para explorar o mundo ao nosso redor.

Quando ofereci meu primeiro treinamento clínico, disse aos participantes que estavam sendo incluídos na família polivagal que estava surgindo da minha colaboração com o Dr. Porges. Essa família polivagal cresceu e tornou-se uma comunidade polivagal global, mas o sentimento que a permeia ainda é muito como o de uma família. Ao começar este livro, estou lhe estendendo um convite para se juntar a esta crescente família polivagal e encontrar uma nova linguagem da conexão humana.

# 1

# Uma Espiada Breve nos Princípios e Elementos da Teoria Polivagal

A beleza de um ser vivo não está nos átomos que o compõem,
mas na forma como esses átomos são reunidos.

CARL SAGAN,
*COSMOS*, EPISÓDIO 5

Em seu trabalho com bebês prematuros durante as décadas de 1970 e 1980, o professor de psiquiatria, Stephen Porges, redescobriu duas vias vagais no sistema nervoso que regulam o coração e proporcionam uma conexão rosto-coração para comunicar o que está acontecendo dentro de nossos corpos para outras pessoas. Essas descobertas ajudaram a definir a Teoria Polivagal, e agora temos uma maneira fácil de entender e trabalhar com nossos sistemas nervosos autônomos.

O sistema nervoso autônomo também pode ser chamado de sistema nervoso *automático*, pois cuida das responsabilidades de manutenção básicas do nosso corpo (por exemplo, respiração, frequência cardíaca, digestão) sem que precisemos prestar atenção nelas. O que é maravilhoso a respeito desse sistema é que ele não só funciona automaticamente, com configurações pré-programadas, mas, com a Teoria Polivagal, também pode ser ajustado. Para fazer isso, temos que entender os três princípios centrais a seguir:

1. Hierarquia autônoma: esse sistema é organizado em torno de três estruturas de base, que funcionam em uma determinada ordem e vêm com caminhos predefinidos.
2. Neurocepção: ele tem um sistema de vigilância integrado, que observa sinais de segurança e avisos sobre perigos no caminho.
3. Corregulação: ter momentos para se conectar de forma segura com os outros é um ingrediente necessário para o bem-estar.

**VAGAL VENTRAL**
**sistema de conexão**

- atender às demandas do dia
- conectar-se e comunicar-se
- seguir o fluir dos eventos
- envolver-se com a vida

**SIMPÁTICO**
**sistema de ação**

- cheio de energia caótica
- pronto para atacar
- impelido a escapar
- ansioso
- raivoso

**VAGAL DORSAL**
**sistema de fechamento**

- apenas seguir com os eventos
- energia drenada
- desconectar-se
- perder a esperança
- desistir

**Imagem 1.1** Três estruturas de base e as qualidades que emergem delas

## Hierarquia Autônoma:
## As Peças de Base da Experiência

Através do processo de evolução, três estruturas de base surgiram em sequência: o sistema vagal dorsal (de fechamento), há cerca de 500 milhões de anos; o sistema simpático (de ativação), há cerca de 400 milhões de anos; e o sistema vagal ventral (de conexão), há cerca de 200 milhões de anos. Essa ordem sequencial, chamada de hierarquia autônoma, é essencial para entendermos como o sistema nervoso se ancora na regulação e reage aos desafios da vida diária. Cada um desses blocos funciona de uma maneira específica, afetando nossa biologia por meio de conexões dentro do corpo e impactando nossa psicologia ao direcionar a forma como enxergamos, sentimos e nos envolvemos com o mundo.

O sistema vagal ventral, o mais recente dos três, proporciona um caminho para a saúde e o bem-estar, o lugar onde a vida parece administrável. Através dele, nós nos conectamos e nos comunicamos com os outros e podemos nos juntar a um grupo ou permanecer felizes sozinhos. As irritações comuns da vida diária não parecem ser grandes e, quando derramamos nosso café ou o trânsito está muito pesado, em vez de ficarmos com raiva ou ansiosos, conseguimos nos deixar levar pelo fluxo dos eventos.

Seguindo o padrão da hierarquia, quando acontece algo que parece esmagador, quando muitas coisas ocorrem ao mesmo tempo, ou quando temos a impressão de que a vida é uma série de desafios sem fim, descemos um degrau para o bloco seguinte, para a tomada de ação da via do sistema simpático. Isso é comumente conhecido como o lugar de "lutar ou fugir". Quando temos a impressão de que nossa lista de tarefas nunca vai diminuir, de que nunca há dinheiro suficiente para pagar as contas, ou de que nosso parceiro está sempre distraído, perdemos nossa sensação de segurança no momento presente e nossa capacidade de ver um quadro maior, e reagimos tanto atacando as supostas adversidades como escapando delas.

Se continuarmos a nos sentir presos em um ciclo de desafios intermináveis, sem encontrar uma saída ou uma maneira de gerenciá-lo, seguimos a hierarquia até o passo final, para o primeiro bloco de base do sistema nervoso e a sensação vagal dorsal de colapso, desligamento e desconexão. Aqui, o café derramado, a lista interminável de tarefas e o parceiro que parece nunca estar presente não importam mais. Começamos a nos fechar e a nos desconectar. Podemos até seguir em frente, mas sem energia para nos importar. Perdemos a esperança de que as coisas possam mudar. E como nosso sistema nervoso segue uma sequência previsível, movendo-se de um sistema a outro, para nos recuperarmos desse lugar de colapso, precisamos encontrar nosso meio de fornecer alguma energia ao sistema simpático e seguir em frente até a regulação do estado vagal ventral.

Uma boa maneira de se experimentar cada sistema é explorar duas afirmações: "O mundo é..." e "Eu sou...". Encontrar as palavras que descrevem como você vê o mundo e seu lugar nele traz consciência para as crenças que são armazenadas em cada estado. Comece no dorsal, o bloco no nível inferior da hierarquia, e sinta a experiência de desconexão, colapso e desligamento. Complete as duas frases "O mundo é..." e "Eu sou...". Você pode achar que o mundo é hostil, escuro ou vazio, e que você está à deriva, abandonado ou perdido. Mova-se, então, um bloco acima, para a avassaladora inundação de energia do sistema simpático e explore as duas frases. Talvez o mundo seja caótico, incontrolável ou assustador e, nesse lugar de desorganização e caos, você se sinta fora de controle, desregulado ou em perigo. E agora, suba para o nível final, o estado de segurança e regulação vagal ventral. Daqui, como você completa as frases "O mundo é..." e "Eu sou..."? Você pode experimentar o mundo como um lugar acolhedor, belo, convidativo à conexão, e sentir-se bem, vivo e saudável, e cheio de possibilidades. Trabalhando dessa forma com a hierarquia autônoma, começamos a entender as diferentes experiências que cada estado autônomo cria. Quando refletimos sobre as duas frases "O mundo é..." e "Eu sou...", vemos como nossas histórias mudam drasticamente à medida que passamos de um estado, ou de um sistema, para o outro.

## Neurocepção: Seu Sistema de Vigilância Interna

O segundo princípio da Teoria Polivagal, o sistema de vigilância interna, é definido pela palavra maravilhosamente descritiva *neurocepção*. Stephen Porges criou essa palavra para ilustrar como o sistema nervoso (*neuro-*) está ciente (*-cepção*) de sinais de segurança e sinais de perigo.

Com uma neurocepção de segurança, saímos para o mundo e seguimos para as conexões. Uma neurocepção de perigo traz um movimento para lutarmos ou fugirmos, característico do sistema simpático, enquanto uma neurocepção de ameaça à vida nos leva ao colapso e ao desligamento vagal dorsal.

A neurocepção segue três fluxos de consciência: interior, exterior e intermediário. A escuta interior acontece quando a neurocepção atende ao que está acontecendo dentro do seu corpo — seus batimentos cardíacos, ritmos respiratórios e ação muscular — e dentro dos seus órgãos, especialmente aqueles envolvidos na sua digestão. A escuta exterior começa no seu ambiente imediato (onde você está fisicamente localizado) e expande-se para o mundo, incluindo as vizinhanças, nações inteiras e a comunidade global. O terceiro fluxo de consciência, a escuta intermediária, é a maneira como seu sistema nervoso se comunica com outros sistemas individualmente ou com um grupo de pessoas. Esses três fluxos de escuta incorporada estão sempre trabalhando, momento a momento, abaixo do nível de nossa consciência. Correndo em segundo plano, a neurocepção traz mudanças de estado autônomo que nos convidam tanto a nos conectar com pessoas, lugares e experiências quanto a nos afastar da conexão e corrermos para a proteção da luta, da fuga ou do desligamento. A nossa história, e a forma como pensamos, sentimos e agimos, começa com a neurocepção. E, embora não possamos trabalhar diretamente com a neurocepção, podemos trabalhar com a resposta do nosso corpo a ela. Quando direcionamos a percepção para a neurocepção, trazemos uma experiência não consciente para a consciência. Podemos trabalhar com nossa experiência ao reconhecer a experiência implícita da neurocepção, notando-a explicitamente, e voltando nossa atenção ao estado que ganhou vida. À medida que continuamos viajando no caminho da consciência, nós nos conectamos com sentimentos, crenças, comportamentos e, finalmente, com a história que nos conduz pelos nossos dias. Quando aprendemos a atender à neurocepção, podemos começar a moldar nossas histórias de novas maneiras.

## Corregulação: Moldados para Conectar

E, finalmente, o terceiro princípio da Teoria Polivagal é a necessidade de se encontrar uma conexão segura com os outros na experiência da corregulação. Corregulação, ou regular, ajustar-se com o outro, é uma experiência necessária para a sobrevivência. Viemos ao mundo incapazes de nos defender e, nos primeiros anos de vida, precisamos que outras pessoas cuidem de nós. Somos fisicamente incapazes de nos ajustar por conta própria e naturalmente nos voltamos para as pessoas ao nosso redor para atender às nossas necessidades de sobrevivência física e emocional. À medida que crescemos, essas experiências de corregulação oferecem uma base para podermos explorar a regulação por conta própria.

> Embora o mundo pareça estar cada vez mais focado na autorregulação e na independência, a corregulação é a base para se navegar com segurança pela vida diária

Mesmo quando aprendemos a nos autorregular, a necessidade de corregulação continua. Este é um ingrediente essencial para o bem-estar, mas também um desafio a ser enfrentado. Para exercer a corregulação, tenho que me sentir seguro com você e você tem que se sentir seguro comigo e temos que encontrar uma maneira de nos conectarmos e nos ajustarmos um ao outro. Recorremos a um amigo para nos escutar ou procuramos um membro da família para nos ajudar. Dependemos de certas pessoas em nossas vidas para proporcionarem um sistema regulado quando precisamos. Enquanto o mundo parece estar cada vez mais focado em autorregulação e independência, a corregulação é a base para se navegar com segurança pela vida diária. Carregamos a necessidade contínua de nos conectar com os outros, e todo dia ansiamos e buscamos oportunidades de corregulação.

É por meio destes três princípios — hierarquia, neurocepção e corregulação — que temos uma forma de reconhecer o papel que a biologia tem em moldar como transitamos pelo mundo, e um guia para abordarmos nossa biologia por meios que nos tragam bem-estar.

## Os Três Elementos para o Bem-estar

Os três princípios da Teoria Polivagal — os sistemas de base da hierarquia, a vigilância interna por meio da neurocepção e a regulação com os outros — são o ponto onde começamos a entender nosso sistema nervoso e a fazer as pazes com ele. Em seguida, adicionamos os elementos do bem-estar — contexto, escolha e conexão — que ajudam o sistema nervoso a se ancorar em segurança e regulação. Quando esses três elementos estão presentes, encontramos mais facilmente o caminho para os ajustes e a regulação. Quando qualquer um desses elementos está faltando, nós nos sentimos desequilibrados e experimentamos uma sensação de desconforto.

A palavra "contexto" vem do latim *contexere*, que significa "tecer junto". Pelas lentes do sistema nervoso, o contexto envolve reunir informações sobre o "quê", o "como" e o "porquê" das coisas, para entendermos e respondermos às experiências. Obtemos indicações de segurança da comunicação explícita dos detalhes que cercam uma interação. Quando as informações contextuais são enviadas por caminhos implícitos e não compartilhadas explicitamente, geralmente respondemos no momento presente, mas com base em nossas experiências passadas. Sem informações explicitamente declaradas, temos mais probabilidade de sentir insegurança e passar a um padrão de proteção. Por exemplo, uma amiga me envia uma mensagem cancelando o almoço que havíamos planejado e, sem ouvir sua voz, ver seu rosto ou ter mais informações, sou levada à ansiedade e a uma história de que fiz algo errado e ela está chateada comigo. Quando descubro que ela não estava se sentindo bem, o contexto muda e, em vez de me sentir abandonada, sinto cuidado e preocupação.

A escolha é o segundo elemento necessário para um sistema nervoso regulado. Com escolhas, é possível não agir ou mover-se, aproximar-se ou evitar, conectar-se ou proteger. Quando a escolha é limitada ou retirada, ou quando temos a sensação de estarmos presos ou sem opções, começamos a procurar uma saída. Nessa busca pela sobrevivência, podemos sentir a energia mobilizadora do sistema simpático com alguma forma de ansiedade ou raiva, ou podemos sentir nossa energia indo embora conforme somos puxados para um colapso vagal dorsal. Mesmo enquanto passamos por atividades simples ao longo do dia, somos mais capazes de permanecer ancorados em segurança e regulação quando há opções. No outro extremo dessa experiência, quando há opções ilimitadas, podemos nos sentir perdidos, incapazes de fazer uma escolha. Opções demais podem ser algo opressivo, e aderir a uma agenda rígida, algo muito restritivo. Existe um ponto de equilíbrio ideal para cada um, onde temos limites para criar uma estrutura para nossas escolhas e rotinas que incluem flexibilidade.

O elemento final, conexão, traz uma ideia de relação. A experiência de conexão abrange quatro domínios: conexão consigo mesmo, conexão com outras pessoas (e animais de estimação), conexão com a natureza e o mundo ao nosso redor e conexão com o espírito. Com conexão, nós nos sentimos seguramente aterrados, na companhia dos outros, em ambiente familiar e em harmonia com o espírito. Quando há uma ruptura em nosso senso de conexão (perder nosso senso de identidade, experimentar um mau comportamento em um relacionamento, ver-nos separados da natureza ou nos distanciarmos de nossas práticas espirituais), nossa capacidade de ancorar na segurança e na regulação é desafiada, e nos voltamos para a comunicação e para o engajamento social para tentar encontrar nosso caminho de volta à conexão. Quando há uma interrupção contínua da conexão, muitas vezes buscamos ajuda desesperadamente, antes de afundarmos no desespero.

Com essa visão inicial dos princípios organizadores da Teoria Polivagal e dos elementos de um sistema regulado, podemos agora nos voltar para a exploração de nossos caminhos autônomos e tentar algumas explorações para levar o sistema nervoso a nos trazer a sensação de bem-estar.

# 2

# Viajando pelos Caminhos Autônomos

A única jornada que existe é a interior.

RAINER MARIA RILKE,
*CARTAS A UM JOVEM POETA*

Embora possamos pensar que nossos cérebros estão no comando, o coração de nossa experiência diária e a maneira como navegamos pelo mundo começam em nossos corpos com o sistema nervoso autônomo. Este é o lugar onde as histórias emergem, histórias essas sobre quem somos e como o mundo funciona, sobre o que fazemos e como nos sentimos. É nossa biologia que molda nossas experiências de segurança e conexão.

A história do sistema nervoso autônomo começou há cerca de 500 milhões de anos com um peixe pré-histórico chamado placodermo e a ramificação do sistema parassimpático que conhecemos como vagal dorsal. Para ter uma noção dessa parte do sistema, pense em uma tartaruga transitando de forma lenta, mas constante, pelo mundo. Quando assustada, a tartaruga se imobiliza, desaparece em sua carapaça e espera até se sentir segura o suficiente para espiar o mundo novamente. Imobilizar-se e desaparecer são as estratégias de sobrevivência do sistema vagal dorsal.

Cerca de 400 milhões de anos atrás, o sistema nervoso simpático surgiu em outro peixe, agora extinto, chamado acantodiano. Com a chegada do sistema nervoso simpático, o movimento passou a ser uma estratégia de sobrevivência, e lutar e fugir agora tornaram-se ações possíveis. Para se ter uma ideia da mobilização gerada por esse sistema, imagine um tubarão atacando ou um peixe disparando para escapar dele.

Finalmente, há cerca de 200 milhões de anos, surgiu o outro ramo do sistema nervoso parassimpático, o sistema vagal ventral. A energia desse sistema exclusivamente mamífero permite que sintamos segurança, nos conectemos e nos comuniquemos. Para sentir esse sistema, lembre-se de quando você senta e conversa com um amigo; pense em caminhar na natureza enquanto se sente conectado à terra ou, se tem um cachorro ou gato, imagine-os aninhados ao seu lado.

Resumindo, nosso sistema nervoso autônomo é composto pelos sistemas parassimpático e simpático, e o nervo vago proporciona os caminhos primários para o sistema parassimpático através de seus ramos dorsal e ventral. Tudo isso nos dá acesso a três caminhos, e cada caminho traz seu próprio tipo de resposta (embora esses termos ainda pareçam difíceis de lembrar, é importante estar familiarizado com eles, então, tenha paciência. E lembre-se de que você nomeará as três partes do seu próprio sistema nervoso conforme avançar pelo livro).

À medida que cada novo sistema surgiu, ele se uniu ao mais antigo em vez de substituí-lo, tornando a arquitetura do sistema mais complexa. Agora, vamos explorar mais profundamente a arquitetura desse sistema nervoso autônomo tripartido.

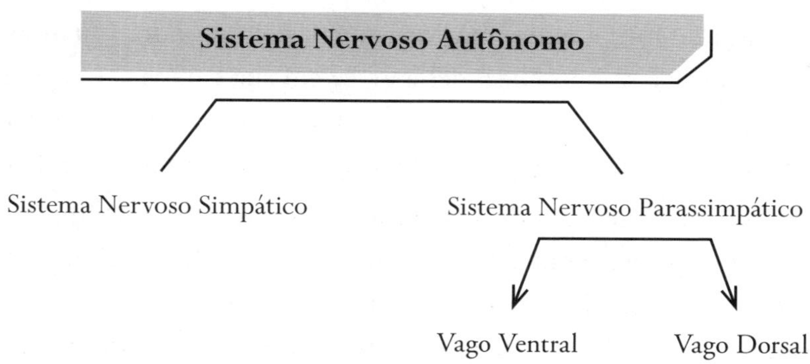


**Imagem 2.1** Dois circuitos, três caminhos

## Explorando as Vias Vagais

Na Teoria Polivagal, o termo "vagal" se refere ao nervo vago, que, na verdade, não é um único nervo, mas sim um feixe de nervos que começa no tronco cerebral e viaja pelo corpo, afetando muitos órgãos diferentes ao longo do caminho. *Vagus* significa "andarilho" em latim, e pelo comprimento deste nervo (o vago é o nervo craniano mais longo) e pelas formas com que ele se conecta com tantos pontos ao longo de sua rota, esse nome parece ser apropriado. Esta fotolitografia de uma xilogravura de 1543, de Andreas Vesalius, proporciona uma noção desses caminhos intrincados.

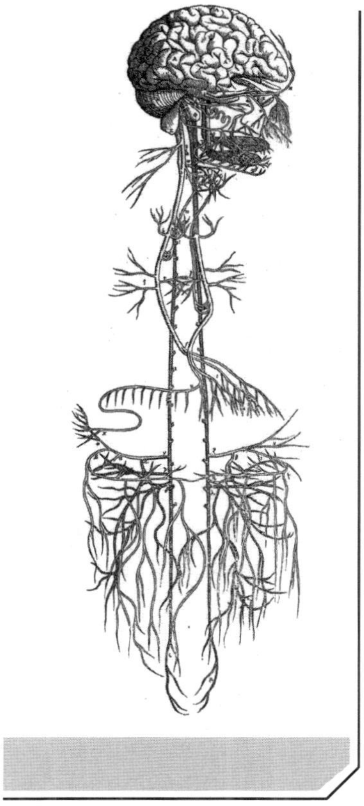

**Imagem 2.2** Fotolitografia de uma xilogravura de Andreas Vesalius, de 1543
Crédito: Wellcome Collection. Atribuição 4.0 Internacional (CC BY 4.0)

Embora falemos sobre o vago como um nervo, todos os nossos doze nervos cranianos vêm em pares, um no lado esquerdo do cérebro, e outro no direito. É o nervo vago direito que se conecta ao coração e compõe o freio vagal, citado mais adiante, neste capítulo. Do tronco cerebral, o vago desce pela lateral do pescoço, atrás da artéria carótida, dá a volta para a frente do corpo e então segue passando pela traqueia, pelos pulmões e pelo coração até o abdômen e o sistema digestivo. Para perceber este sistema com seus muitos ramos, coloque sua mão esquerda na base do pescoço e, com sua mão direita, trace o caminho do nervo vago. Mova sua mão direita ao redor da lateral do pescoço, descendo pela garganta até os pulmões, o coração e, finalmente, o abdômen. Imagine a energia se movendo para cima e para baixo por esse caminho. A informação transportada ao longo desse caminho vagal viaja em duas direções, sendo que oitenta por cento da informação vai do corpo para o cérebro, e vinte por cento do cérebro para o corpo. Quando estamos desconectados de nossos corpos, também estamos desconectados da capacidade de sintonizar informações importantes que estão sendo enviadas do corpo para o cérebro através da via vagal.

> Quando estamos desconectados de nossos corpos, também nos desconectamos da capacidade de sintonizar as informações importantes que estão sendo enviadas do corpo para o cérebro através da via vagal.

Os ramos ventral e dorsal do nervo vago são identificados pelas maneiras como funcionam acima ou abaixo do diafragma. O diafragma é o músculo que separa o peito do abdômen. Se você colocar uma mão no peito e a outra logo abaixo da caixa torácica, o diafragma estará aproximadamente no centro. Do diafragma para baixo, está o território do vago dorsal, cuja responsabilidade cotidiana não reativa é regular uma digestão saudável. No modo de sobrevivência, o vago dorsal nos tira da consciência e da conexão e nos leva ao colapso e à imobilização. Nesse estado de sobrevivência, nós nos sentimos desconectados e entorpecidos, e temos a experiência de estarmos aqui, mas, ao mesmo tempo, *não* estarmos, e a sensação de passar pelos movimentos da vida sem realmente nos importarmos com ela. Sofremos problemas digestivos à medida que nossos sistemas biológicos entram nesse modo de conservação, em que tudo desacelera para manter energia suficiente para ficarmos vivos. Nossa expectativa é que, se desaparecermos, se nos tornarmos invisíveis e não sentirmos o que está acontecendo, ou se não habitarmos o local onde estamos, sobreviveremos. Escapamos para o não saber, o não sentir e uma sensação de não ser. Ao ler esta descrição, pode ser que você sinta uma pitada da energia vagal dorsal se ativando em seu sistema.

Do diafragma para cima, estão os domínios do vago ventral. Este é o lugar onde nos ancoramos em segurança e podemos nos autorregular e corregular. Nossa frequência cardíaca é ajustada, e nossa respiração é natural e completa. Temos prazer em ver os rostos dos amigos e somos capazes de nos sintonizar com conversações e nos desligar das distrações. Em um estado vagal ventral, podemos reconhecer a angústia, explorar opções e buscar e oferecer apoio. Somos habilidosos e temos recursos aos quais recorrer. Nossa atenção está focada na conexão com nós mesmos, com os outros, com o mundo e com o espírito. É um lugar de bem-estar. Ao ler esta descrição, veja se consegue perceber esta energia e sentir seu estado vagal ventral ganhar vida.

Mantendo uma consciência inicial sobre o sistema vagal, transite por um momento entre os dois caminhos vagais. Coloque uma mão na base do crânio e a outra sobre o coração. Imagine o caminho vagal ventral e sinta a energia se movendo entre suas duas mãos. Tire um momento para reconhecer as habilidades de regulação e conexão que esse sistema traz. E agora, mova sua mão do coração para o abdômen. Com uma das mãos no tronco cerebral e outra no abdômen, você está conectado ao caminho vagal dorsal. Imagine este caminho e sinta a energia que se move aqui. Gaste um tempo reconhecendo as maneiras pelas quais esse sistema funciona em seu benefício, nutrindo-o por seus processos digestivos e afastando-o da consciência para protegê-lo quando necessário.

## O Freio Vagal

O freio vagal é um importante circuito vagal ventral. Ele sai do tronco cerebral e conecta-se ao nó sinoauricular do coração — o marcapasso do coração — e é por meio desta conexão que nossos ritmos cardíacos são regulados. O freio vagal diminui a frequência cardíaca para um número saudável de batimentos por minuto (entre sessenta e oitenta). Sem esta influência reguladora, o coração bateria perigosamente rápido. Em função das formas com que esta via regula a frequência cardíaca, ela é chamada de freio vagal. Como todo mecanismo de frenagem eficiente, o freio vagal trabalha para diminuir e acelerar a frequência cardíaca e trazer o grau certo de energia para navegarmos com sucesso a cada momento.

O freio vagal também regula nosso ritmo respiratório. Ele se move em um padrão sutil de liberação e ativação a cada ciclo respiratório. A cada inspiração, o freio vagal proporciona uma leve liberação, e a frequência cardíaca acelera um pouco, e então, na expiração, o freio vagal age, e a frequência cardíaca retorna a um ritmo mais lento. Para se ter uma ideia de como o freio vagal funciona, pense nos freios de mão de uma bicicleta. Quando você está descendo e quer ir mais rápido, você solta os freios suavemente e as rodas giram mais rápido. E quando quer desacelerar, você aperta os freios um pouco mais. Na verdade, o caminho vagal para o seu coração não se desconecta e se reconecta fisicamente como os freios de uma bicicleta; ele se torna mais ativo e menos ativo através de sinais elétricos e neurotransmissores.

A função do freio vagal é permitir que sintamos e usemos parte da energia mobilizadora do sistema nervoso simpático sem que sejamos puxados para o estado de sobrevivência de lutar ou fugir. À medida que o freio vagal se afrouxa, a energia no sistema simpático é sentida mais fortemente, mobilizando aquele sistema. E então, quando o freio vagal é reativado, retornamos a uma percepção menor da energia mobilizadora do sistema simpático.

## Exploração:

## Usando Seu Freio Vagal

Esta exploração pode ser feita sentado ou em pé. Comece imaginando que você tem um pé na regulação vagal ventral e o outro pé na mobilização simpática (você pode colocar um pé na frente do outro, ou lado a lado). Mantenha os dois pés no chão e comece a transferir seu peso entre eles, balançando levemente de um para o outro. Siga seu ciclo respiratório. Inspire e balance em direção ao pé no estado simpático, depois expire e transfira seu peso de volta para o pé que está no estado ventral. Passe por diversos ciclos respiratórios, sentindo o ritmo de liberação e reativação do freio vagal.

Conforme o freio vagal começa a ser liberado, temos acesso a uma variedade de reações, como nos sentirmos envolvidos, alegres, animados, apaixonados, com vontade de brincar, atentos, alertas e cuidadosos, todas elas enquanto ainda estamos sob a regulação do sistema vagal ventral. Sem o freio vagal, perdemos nossa âncora na segurança e conexão e nos movemos para os estados protetores de lutar ou fugir. Experimente encontrar os limites da liberação para si. Transfira seu peso até que você esteja quase totalmente inclinado para a mobilização simpática. Sinta o que acontece quando você começa a perder o equilíbrio. E então volte a sentir o chão firme sob o pé que está ancorado no estado vagal ventral.

Agora transfira seu peso totalmente para o pé que está ancorado no estado vagal ventral, enquanto o pé do estado simpático apenas toca levemente o chão. Sinta o que acontece. Experimente as maneiras pelas quais seu freio vagal permite que você mobilize energia e depois o ajuda a retornar à calma. Sinta como o freio vagal mantém a fronteira entre a segurança e a regulação ventral, e uma resposta simpática de sobrevivência.

Agora que você tem uma noção do seu freio vagal, pode começar a brincar com a mudança de equilíbrio entre energia e calma. Pratique ficar ancorado na segurança e sentir-se mobilizado. Mova-se entre o descanso e a ação. Explore toda a gama de experiências que surgem conforme você libera e reativa seu freio vagal.

Imagine experiências comuns, nas quais você precisa estar ou energizado, ou calmo, e use seu freio vagal para lidar com cada evento com sucesso. Traga à mente um momento em que você precise de mais energia e solte seu freio para atender a essa necessidade. Em seguida, pense em um momento em que você queira se sentir mais à vontade e reative seu freio. Você pode se recordar de certos momentos e jogar com liberação e reativação do freio vagal, e imaginar como a quantidade certa de energia poderia ter mudado a experiência. Depois de ganhar confiança em sua capacidade de permanecer ancorado, você pode, intencionalmente, ajustar o equilíbrio para o lado da calma quando sentir um aumento na ansiedade, ou para o lado de mais energia quando precisar agir.

## A Energia do Sistema Simpático

O sistema simpático é um sistema de nervos espinhais que emerge das regiões torácica e lombar no centro das costas. Para ter uma ideia desse sistema, coloque uma das mãos logo abaixo do pescoço e a outra logo acima da cintura. O espaço entre suas mãos é aproximadamente onde seu sistema nervoso simpático está localizado. A energia do sistema nervoso simpático é vital para nossa capacidade de transitar pelo mundo. Ele tem um papel regulador no bombeamento de sangue e no gerenciamento dos ritmos cardíacos e padrões respiratórios. Como você descobriu com a exploração do freio vagal, as energias dos sistemas vagal ventral e simpático podem trabalhar em cooperação, trazendo vida à nossa experiência. Mas se perdermos a conexão com o freio vagal, perderemos nossa âncora no sistema ventral e sairemos da sensação de segurança para um estado de luta pela sobrevivência do simpático. Quando acionado no modo de sobrevivência, o sistema simpático ativa o estado de lutar ou fugir, e o eixo hipotálamo-hipófise-adrenal (HPA, um circuito que conecta o hipotálamo e a glândula pituitária em seu cérebro às suprarrenais, que ficam acima de seus rins) começa a liberar cortisol e adrenalina.

Um carro cortando o seu caminho na rodovia repentinamente, seu filho esticando a mão sobre a chama acesa do fogão ou seu cachorro correndo em direção à rua movimentada são os tipos de experiência que trazem uma rápida explosão de adrenalina. Nós experimentamos uma resposta imediata para lidar com o evento, e depois retornamos à regulação quando ele termina. Pare e pense em um momento em que você teve aquela rápida descarga de adrenalina. Seu corpo provavelmente retém essa memória e vai trazê-la à tona conforme você se recordar.

Além dessa resposta rápida e de curto prazo gerada pela adrenalina, o sistema simpático também responde ao estresse com a liberação de cortisol.

Experiências persistentes, como conviver com pessoas difíceis, viver em um lugar que parece não ser seguro ou trabalhar em um ambiente depreciativo, podem gerar uma resposta contínua de liberação de cortisol, que se assemelha a um turbilhão de energia e deixa você em uma busca interminável e inatingível por calma.

Pense em sua vida diária. Você tem uma lista de demandas infinitas? Você sente que tem responsabilidades que continuam aumentando, não importa o que faça? Observe a resposta do seu corpo a esse estado gerado pelo sistema simpático.

Em nossa história evolutiva, fazer parte de uma tribo era essencial para a sobrevivência. Nós sobrevivíamos em grupo. Havia força em estar em grupos numerosos. Quando estamos ancorados na segurança da regulação ventral, buscamos conexão e vemos possibilidades de amizade. Saindo da segurança ventral para a energia do sistema simpático, temos uma sensação de perigo iminente e entramos no estado de lutar ou fugir. O mundo parece um lugar arriscado, cheio de pessoas perigosas. Nesse estado, interpretamos mal as pistas e percebemos expressões neutras e certos tons de voz como sinais de perigo. Nossa audição é ajustada para ouvir sons de perigo, e é fácil acabar ignorando as vozes amigáveis ao nosso redor. Nós examinamos o ambiente não mais apenas conscientes e alertas; agora estamos alarmados e hipervigilantes. Estamos sozinhos, separados dos outros, e olhamos para o mundo com uma mentalidade de "nós contra eles" ou "eu contra você".

## Movendo-se entre Estados

Sabendo como cada caminho funciona individualmente, agora podemos observar como os estados funcionam juntos e explorar a relação entre eles. Ao longo da evolução, os três caminhos do sistema nervoso autônomo (dorsal, simpático e ventral) surgiram e formaram os blocos de construção do sistema (hierarquia). Nosso lugar preferido, o lugar onde encontramos experiências de saúde, crescimento e restauração, está ancorado no estado vagal ventral de segurança e conexão. Quando somos retirados da regulação, o primeiro movimento é lançarmo-nos no sistema simpático de mobilização e proteção por meio da tomada de ações. O movimento final nos leva ao sistema vagal dorsal, de imobilização e proteção por meio da desconexão. Essa ordem previsível de movimentação entre estados autônomos significa que podemos rastrear nosso caminho em direção à desregulação, e que temos um roteiro para encontrar nosso caminho de volta para a segurança da regulação.

> A capacidade de transitarmos flexivelmente entre os estados é um sinal de bem-estar e resiliência. É quando estamos presos na desregulação, incapazes de encontrar o caminho de volta à regulação, que ficamos exauridos.

Nós transitamos naturalmente entre estados, saindo e voltando rotineiramente da regulação ventral para a desregulação simpática ou dorsal. Sair da regulação não é o problema. Na verdade, o objetivo não é permanecer em um estado de regulação, mas sim saber onde estamos, reconhecer quando estivermos saindo da regulação e sendo puxados para uma resposta de sobrevivência, e sermos capazes de retornar à regulação. A capacidade de transitarmos flexivelmente entre os estados é um sinal de bem-estar e resiliência. É quando estamos presos na desregulação, incapazes de encontrar o caminho de volta à regulação, que ficamos exauridos. Quando somos puxados para longe da segurança e da conexão ventral e nos perdemos em um lugar de desregulação, passamos da flexibilidade para a rigidez, e sentimos os efeitos de um sistema nervoso preso na intensidade da mobilização simpática, ou no desligamento dorsal.

Quando está ancorado na energia reguladora do estado vagal ventral, o sistema nervoso autônomo está em equilíbrio, e experimentamos a sensação de bem-estar que vem com uma sensação de homeostase saudável. Em épocas desafiadoras, somos capazes de refletir (em vez de reagir), colaborar e nos comunicar. Pare por um instante e pense em um momento em que você se sentiu ajustado e resolveu um problema sozinho, ou encontrou uma solução com outra pessoa. Se não formos bem-sucedidos em enfrentar e gerenciar o desafio aqui, saímos da regulação para a mobilização simpática e a energia de lutar ou fugir. Pare aqui e lembre-se de um momento em que experimentou essa energia intensamente ativadora e foi levado a enfrentar e discutir, ou se sentiu desesperado para fugir. Finalmente, se agir não resolver o desafio e nós nos sentirmos presos, passamos para o desligamento vagal dorsal. Pense em um momento em que experimentou uma vontade de desistir, ou de seguir em frente sem realmente estar presente ou se importar.

Pela maneira como o sistema nervoso foi formado, uma estrutura sobre a outra, para sair do estado de colapso e retornar à segurança e à regulação, temos que passar pela mobilização simpática sem sermos pegos em uma resposta de lutar ou fugir. Um momento de mobilização segura pode assumir muitas formas. Pode começar com um pequeno movimento corporal, um olhar compartilhado com alguém ou até mesmo um pensamento que parece o início de uma possibilidade. O elemento essencial desse momento de mobilização é um retorno de energia que não é tão grande ou intenso a ponto de se tornar um sinal de perigo, mas sim que seja sentido como uma indicação de segurança que mostra o caminho de volta à regulação. Deste ponto de partida seguro, podemos continuar a sentir a energia retornando e encontrar nosso caminho de volta à regulação ventral.

Passar por estados diferentes, seja em pequenas alterações ou por grandes mudanças, várias vezes ao dia, é uma experiência humana normal. Considere os estados que você já experimentou hoje em momentos de tranquilidade, pequenos momentos que foram levemente carregados, outros que pareciam vazios ou até mesmo momentos mais intensos de lutar, fugir, ou de colapso. Lembre-se, a experiência de entrar e sair de estados é comum e não é uma barreira ao bem-estar. É apenas quando saímos da segurança e da conexão e caímos numa das respostas de sobrevivência adaptativa e não conseguimos encontrar o caminho de volta a um estado ajustado que sofremos física e psicologicamente. A energia vagal ventral é o ingrediente ativo na segurança e conexão. Sem essa influência reguladora, passamos por sofrimento físico, emocional, relacional e espiritual. Mas quando nosso estado vagal ventral está ativo e no comando, os sistemas vagal simpático e dorsal trabalham em segundo plano, e os três estados trabalham juntos, criando bem-estar físico e psicológico.

## Exploração:

## Fazendo as Pazes com a Hierarquia Autônoma

Com uma compreensão da arquitetura, das responsabilidades e das ações de sobrevivência de cada estado autônomo, podemos passar da cognição para a consciência incorporada. Nosso ponto de partida é o estado de homeostase saudável. Aqui, a energia vagal ventral está supervisionando todo o sistema, provendo os ajustes para permitir que os sistemas simpático e dorsal trabalhem em segundo plano. Muitas vezes imagino meu estado vagal ventral cercando os sistemas simpático e dorsal, segurando-os em um abraço caloroso. Nos tempos recentes, a imagem que venho usando para o estado vagal ventral é um guarda-chuva colorido que abriga os estados vagais simpático e dorsal, mantendo-os seguros e secos. Que imagem vem à sua mente? Como isso ganha vida em seu corpo? Como sua energia flui quando seus três estados estão conectados e se comunicando? Reserve um momento para encontrar sua imagem e observe a sensação de bem-estar incorporada.

Em seguida, explore o que acontece em seu corpo quando seus estados simpático e dorsal agem por conta própria. Comece com o estado vagal dorsal. O que muda quando você passa da regulação para a desconexão? Onde seu corpo manifesta a sensação de colapso ou desligamento? Passe à mobilização simpática. Deixe seu sistema nervoso mostrar os lugares em seu corpo onde você sente esse estado ganhar vida.

E agora encontre um nome para cada um dos estados. Embora, no final das contas, você possa decidir ficar com os termos biológicos *ventral*, *simpático* e *dorsal*, experimente nomear seus estados com seus próprios rótulos. Volte-se para dentro, conecte-se a cada estado novamente e veja quais nomes você ouve (por exemplo, *ensolarado, tempestuoso, nebuloso; fluxo, caos, colapso; conectado, ativado, perdido*). Anote combinações de nomes que chamem sua atenção e brinque com eles até encontrar três que se encaixem e representem sua experiência.

Quando observamos uma paisagem, vemos as maneiras como ela foi moldada tanto por ações humanas quanto por eventos naturais. Podemos explorar nossos estados autônomos por meio das imagens de paisagens. Cada estado autônomo tem a sua própria paisagem. Existem paisagens para nossos estados cotidianos não reativos, nossos estados de sobrevivência e nosso estado de segurança e conexão. Nas explorações a seguir, você será convidado a usar um diário para registrar suas paisagens autônomas. Lembre-se, você pode documentá-las por escrito, seja com palavras isoladas, marcadores ou um texto mais longo, ou pode escolher alguma forma de arte (por exemplo, desenho, fotografia ou colagem).

## Exploração: Paisagens Reguladas

Comece se aventurando no mundo da regulação ventral. Para encontrar o caminho até lá, lembre-se do nome que você deu a esse estado e vá para o lugar em seu corpo onde você sente o fluxo de energia reguladora. Conecte-se com a memória de uma vez em que você sentiu um momento, ou mesmo um micromomento de segurança e conexão. Experimente até que encontre seu caminho para ancorar na regulação. Quando chegar ali, olhe ao redor. Você pode ver um ambiente real, elementos do mundo natural ou um lar. Você pode ver cores ou sentir energia. Uma vez neste lugar de regulação que traz possibilidades e convida-o à exploração, gaste um tempo registrando o que encontra aqui.

Em seguida, podemos explorar as experiências cotidianas dos sistemas dorsal e simpático; não seus papéis de sobrevivência, mas suas ações diárias que apoiam a saúde e o bem-estar. Comece com a batida lenta e constante do seu sistema vagal dorsal. Qual é a paisagem aqui? Quais imagens, cores, palavras e percepção de energia acontecem aqui? Documente em seu diário as características da paisagem nesta experiência dorsal segura e cotidiana, que traz nutrientes para alimentar você e é necessária para o bem-estar.

Agora, vá para a paisagem do seu sistema simpático, não de quando ele ativa para lutar ou fugir, mas com a energia segura e mobilizadora que sustenta os ritmos cardíaco e respiratório, que regula a temperatura e traz movimento. Como é esse lugar? Quais imagens, cores e palavras aparecem? Observe as maneiras como a energia e o movimento são semelhantes ou diferentes da paisagem dorsal. Registre o que você descobrir.

Termine retornando para o local onde você começou, na segurança e regulação de um estado vagal ventral, e reflita sobre as três paisagens do seu sistema nervoso regulado.

# Exploração:
## Paisagens de Sobrevivência

Mantendo a consciência nas paisagens reguladas e não reativas, nossa próxima exploração é dar uma espiada nas paisagens de sobrevivência. Para conhecer esses lugares sem sermos puxados para eles, devemos viajar para outros estados enquanto mantemos uma âncora na paisagem ventral. Minha paisagem vagal ventral é perto do mar, e imagino que levo uma pequena pedra da praia comigo para me lembrar de que estou ancorada lá com segurança. Procure algo em sua paisagem ventral que você possa levar consigo.

Com o lembrete de sua âncora em segurança e regulação em mãos, faça a viagem para seu estado dorsal e observe a paisagem de sobrevivência. Mergulhe em um momento em que você se sentiu desconectado do mundo e um tom de desesperança entrou em seus pensamentos. Observe as maneiras pelas quais essa paisagem é diferente da paisagem cotidiana não reativa. A paisagem de sobrevivência oferece proteção por meio da desconexão e do colapso. Se você começar a se sentir puxado para o desligamento, traga sua atenção para o objeto que você trouxe da sua paisagem ventral e lembre-se de que você ainda está conectado à segurança e à regulação daquele lugar. Use seu diário para registrar as características da sua paisagem vagal dorsal.

O próximo passo é entrar no estado de sobrevivência simpática, onde há muita energia; é um pouco desorganizado, um pouco caótico, e você sente o gosto do lutar e do fugir. Lembre-se de um momento em que foi puxado para a ansiedade ou para a raiva e dê apenas um pequeno passo para esse estado. Quando você olha ao redor, o que você vê? Lembre-se, você trouxe um pedaço da sua paisagem vagal ventral consigo para evitar se perder aqui e ser sequestrado pela energia simpática de sobrevivência. Registre o que você encontrar em seu diário.

Para terminar este exercício, volte para onde você começou, na paisagem de segurança e conexão vagal ventral. Descanse aqui por um momento e reserve um tempo para refletir sobre o que você descobriu em suas duas paisagens de sobrevivência.

O sistema nervoso autônomo traz ações paralisadoras, ativadoras e reguladoras. Temos um anseio inerente de estar na regulação e no ajuste do sistema vagal ventral, e uma sabedoria incorporada que nos diz como chegar lá. O caminho de volta à conexão vindo da luta, da fuga ou do colapso está em todos nós. Pode acabar obscurecido ou não percorrido da forma certa devido às nossas experiências de vida pessoais, mas nossa biologia conhece o caminho, e podemos encontrá-lo.

# 3

# Aprendendo a Escutar

Para mim, o corpo fala o que as palavras não conseguem dizer.

MARTHA GRAHAM,
ENTREVISTA PARA O *NEW YORK TIMES*, 1985

Escutar é uma parte essencial de fazer as pazes com seu sistema nervoso autônomo e, no começo, pode parecer muito estranho sintonizá-lo e ouvi-lo. Afinal, é um sistema automático que funciona sem que precisemos prestar atenção. Com o ato de escutar e prestar atenção ao que está acontecendo em nossos corpos, conseguimos ter um pouco de controle sobre nosso sistema e mais adequação em nossas vidas. Quando aprendemos a escutar, criamos a capacidade de refletir e não simplesmente reagir. À medida que aprendemos a fazer essa parceria com nosso sistema nervoso, começamos a experimentar bem-estar.

Essa parceria com o sistema nervoso é um processo de duas etapas. Primeiro, precisamos entender como o sistema funciona; segundo, precisamos usar essa informação para criar uma vida de bem-estar. Muitas vezes me perguntam se, quando criamos um relacionamento com nosso sistema nervoso, descobrimos que tudo o que sentimos, pensamos e fazemos é simplesmente um resultado de nossa biologia. Para mim, a resposta a essa pergunta é "não". Entender como nosso sistema nervoso autônomo funciona pode acabar com o mistério de como transitamos pelo mundo, mas também nos convida à magia de nossa experiência humana. Quando entendemos o meio pelo qual nossa biologia cria a plataforma para nossas experiências e a forma pela qual nosso estado autônomo define o cenário para nossas histórias, podemos abraçar os muitos momentos mágicos que tornam a vida uma experiência extraordinária e milagrosa.

Uma compreensão polivagal aprofundada de nossos sentimentos, pensamentos e comportamentos proporciona uma maneira de estarmos com nossas experiências em vez de sermos sequestrados por elas. Quando somos inundados por nossas emoções, perdemos a conexão com a regulação e a capacidade de reflexão. De uma âncora na segurança e na regulação ventral, podemos nos conectar aos nossos estados e ouvir nossas histórias com a distância necessária para a reflexão. Quando aprendemos a ouvir nosso sistema nervoso, desenvolvemos habilidades para nos voltarmos para as nossas experiências com curiosidade e recuperar a capacidade de responder, em vez de simplesmente reagir.

Escutar o sistema autônomo está inextricavelmente ligado à necessidade de autocompaixão. A autocompaixão é uma propriedade emergente do sistema vagal ventral. Os estados de sobrevivência ativam automaticamente a autocrítica; então, quando saímos da segurança e da conexão para um estado de autoproteção, perdemos a capacidade de expressar autocompaixão. Já com a habilidade de reconhecer um momento de angústia e perceber o estado autônomo, passamos a um momento de consciência, em vez de simplesmente sermos arrastados mais profundamente para a desregulação.

Kristin Neff e Chris Germer desenvolveram uma prática de compaixão adorável e simples para usarmos quando estamos angustiados. Para experimentar esta prática, projetada para nos ajudar a passar da autocrítica para a autocompaixão, traga à mente um momento em que você sentiu angústia e leia estas três frases[1]:

1. Este é um momento de sofrimento.
2. O sofrimento faz parte da vida.
3. Que eu seja gentil comigo mesmo.

Se for reconfortante, coloque uma das mãos sobre o coração e repita essas frases.

## Exploração:

## A Linguagem do Sistema Nervoso

Agora, vamos pegar a essência dessas três frases e reescrevê-las, usando as lentes do sistema nervoso. Minhas frases são assim:

1. Meu sistema nervoso está passando por uma resposta de sobrevivência.
2. Momentos de autoproteção acontecem para todos.
3. Posso trazer alguma energia vagal ventral para este momento.

A primeira afirmação é um reconhecimento de que você entrou em um estado de desregulação. Encontre as palavras que descrevam sua virada da conexão para a proteção. A segunda declaração reconhece a experiência universal de desregulação. Quais palavras transmitem isso para você? E a terceira declaração convida você a um momento, ou um micromomento, de reconexão vagal ventral. Como você diria isso?

Agora, com suas três frases, traga à mente um momento de angústia, seja ele um momento de começar a sentir a energia de luta e fuga ou a passagem da conexão para o colapso. Deixe um pouco dessa energia de sobrevivência entrar em seu sistema e diga suas três frases para você mesmo. Elas o ajudam a começar a encontrar seu caminho de volta à regulação, o lugar onde você tem acesso à autocompaixão? Reescreva suas frases, se necessário, até encontrar as palavras que o ajudem a se conectar com a autocompaixão.

Ao perceber um instante que seja de desregulação autônoma e trazer um pouco de autocompaixão a ele, entramos em um processo de escuta. A jornalista e professora de redação, Brenda Ueland, certa vez descreveu o escutar como uma "coisa magnética e estranha, uma força criativa".[2] Ouvir o sistema nervoso autônomo é exatamente esse tipo de experiência. Uma vez que começamos, vem um impulso poderoso para continuar e ver aonde a escuta nos levará. Embora escutar o sistema nervoso seja certamente uma experiência nova, quando estamos ancorados na regulação ventral, vivenciamos o que não é familiar como interessante, e não como um sinal de perigo. Essa escuta nos leva a um convite para sermos criativos na busca de práticas de ajuste que sejam adequadas para o nosso sistema nervoso.

Envolvermo-nos em momentos de aproximação e de aprendizado sobre a escuta muda a maneira como vemos nossas próprias experiências e como vemos o mundo. Nossa biologia molda cada momento e nos informa sobre como navegamos pelo mundo. Começamos a nos compreender e compreender os outros de uma nova maneira quando entendemos os padrões de resposta autônoma.

Na maior parte do tempo, somos arrastados por um fluxo de mudanças no estado autônomo sem termos consciência disso. O sistema nervoso faz seu trabalho em segundo plano sem falhar, aumentando e diminuindo a energia para atender às necessidades do momento. Pare por um instante e ouça. Coloque a mão sobre seu coração e conecte-se ao seu batimento cardíaco. Perceba sua respiração colocando a mão no peito, no abdômen, na lateral das costelas ou na parte inferior das costas, ou sob as narinas. Sintonize-se com esses ritmos guiados autonomamente. Por um momento, esteja presente a cada batida, cada inspiração e expiração. Sinta quanta energia e atenção isso demanda. Se tivéssemos que pensar sobre essas funções autônomas, toda a nossa atenção estaria focada em nossa biologia. A automaticidade do sistema nervoso autônomo nos permite cuidar de outras coisas, criar, imaginar e nos conectar com os outros no mundo.

Envolvermo-nos em momentos de aproximação e de aprendizado sobre a escuta muda a maneira como vemos nossas próprias experiências e como vemos o mundo.

Apesar de o sistema nervoso autônomo funcionar sem que precisemos ouvi-lo ou vigiá-lo, aprender a sintonizar os estados autônomos é uma habilidade importante. Muitas vezes temos um pensamento ou um sentimento e agimos sem saber o que nos levou a essas respostas. Recorde-se de uma época em que você tinha uma crença sem saber de onde ela vinha. Talvez você tenha pensado, "Eu sou um fracasso", ou "Eu sou um deslocado", ou "Eu sou tão abençoado". Pense em uma época em que se pegou envolvido em sentimentos sem entender a razão. Pode ser que se lembre de ter se sentido triste mesmo estando entre pessoas felizes, ou de acordar uma manhã com uma sensação de excitação mesmo sendo apenas um dia comum. Procure um sentimento inesperado. Finalmente, lembre-se de uma época em que agiu de uma certa maneira sem saber o porquê. Talvez você tenha se flagrado numa resposta intensa a uma situação sem sentido, ou tenha sido levado a agir sem nem mesmo pensar sobre seus atos.

Nós dependemos do nosso sistema nervoso autônomo para nos guiar e proteger. Nossa biologia deveria regular nossa respiração e nosso ritmo cardíaco, ativar nossa energia e restabelecer a calma, além de trazer pensamentos, sentimentos ou comportamentos que nos aproximem ou afastem de pessoas, lugares e experiências da maneira certa para as circunstâncias do momento. Também deveríamos ser capazes de sintonizar e ouvir intencionalmente. Ouvir é um ato de consciência autônoma e um ingrediente essencial para aprendermos a adequar nossos sistemas. Com a consciência vem a compreensão, e com a compreensão vem a escolha.

O dicionário online Merriam-Webster define "escutar" como "ouvir alguma coisa com atenção cuidadosa"[3]. À medida que aprendemos a escutar nossas respostas autônomas e para onde nosso sistema nos levou, também precisamos trazer o ingrediente essencial da atenção cuidadosa. Quando tomamos consciência sobre algo, muitas vezes sentimos o impulso para o julgamento e a autocrítica. Nós seguimos para a criação de significado, esquecendo que nossa biologia não está atribuindo motivação ou criando algum significado moral, mas simplesmente respondendo. Em vez de atribuir intenção às nossas ações autônomas, precisamos lembrar que nossos comportamentos, sentimentos e crenças estão emergindo de um estado autônomo, e nosso sistema nervoso autônomo está trabalhando a serviço da nossa sobrevivência.

O desafio é aprender a sintonizar-se e voltar-se para seu sistema nervoso, trazer curiosidade e compaixão à experiência e ficar longe do julgamento e da autocrítica conforme você explora o local para o qual seu sistema nervoso autônomo o leva. Algumas frases que eu uso para me sintonizar são as seguintes:

> "É minha biologia querendo me enviar uma mensagem."
>
> "Meu trabalho é apenas ouvir."
>
> "Eu posso me sintonizar, focar e ouvir sem precisar criar significado."

O que você pode dizer a si para trazer curiosidade e autocompaixão ao processo de se escutar? Você saberá que encontrou a frase que se encaixa quando seu sistema nervoso autônomo disser "sim" — não seu cérebro, mas quando sua biologia disser "sim". O sistema nervoso autônomo tem um papel importante em nossas experiências de aproximação, evitação e de sentimentos ambivalentes. Cada estado autônomo desempenha um papel em como dizemos "sim", "não" e "talvez". Conhecer as variadas maneiras pelas quais essas experiências emergem e ser capaz de identificar qual estado está enviando a mensagem são habilidades essenciais.

## Exploração:

## As Experiências Autônomas do Sim, do Não e do Talvez

Comece explorando as diferentes qualidades de se dizer "não". Como você diz "não" quando é movido pelo seu sistema simpático e pela energia mobilizada que vem da luta e da fuga? Quais são as qualidades de se dizer "não" quando você está em um colapso vagal dorsal, sem se importar com o que acontece? E qual é a experiência quando você está ancorado na regulação ventral, definindo limites a partir de um estado de segurança?

Agora pense em algo sobre o qual não tem certeza. Como seu sistema nervoso autônomo mostra uma resposta ambivalente? Experimente as formas pelas quais cada um dos seus estados lhe envia uma mensagem. Explore as maneiras pelas quais você diz "talvez" quando está carregado com muita energia, pressionado por medo ou ansiedade, e incapaz de tomar uma decisão. Sinta como é dizer "talvez" quando sua energia se esgota e você está se sentindo sem esperança, incapaz até mesmo de processar a pergunta. Encontre a experiência de ambivalência ajustada, na qual você se sente seguro e capaz de dizer "talvez" de uma forma que abra a porta para possibilidades.

Finalmente, vá para algo que seja um "sim" para você. Como seu sistema nervoso autônomo lhe mostra isso? Como é dizer "sim" e como é senti-lo quando alguém faz uma exigência, e você sente que não tem outra escolha, a não ser concordar? O que acontece quando você diz "sim" de um lugar de desespero, onde não tem energia para se importar com o que está acontecendo? E como você diz "sim" quando está em um estado regulado de segurança e sente que tem uma escolha quanto à sua resposta? Pratique dizer "sim" de uma âncora na regulação ventral, onde está disposto a se envolver e interessado em seguir em frente.

## Exploração:

## Ancoragem na Curiosidade

Com essa nova maneira de saber como seu sistema lhe envia informações a respeito do "não", do "talvez" e do "sim", o próximo passo é direcionar sua atenção para encontrar uma frase que o ajude a dizer um "sim" regulado e permanecer ancorado no estado de escutar com curiosidade. Uma frase que eu uso é, "Estou pronta para ver o que é possível". Brinque com as palavras até encontrar aquelas que lhe deem suporte a dizer "sim" para explorar o processo de sintonizar e escutar seu sistema nervoso. Use sua frase para se ancorar na curiosidade e ficar de fora do julgamento, enquanto exploramos uma nova maneira de escutar.

Traga sua atenção para onde você está neste momento. Em que estado você está agora? Recorde o capítulo 2, quando explorou pela primeira vez as qualidades dos estados ventral, simpático e dorsal: os sentimentos ventrais de estar seguro, conectado, organizado e capaz; a inundação de energia mobilizadora simpática que o tira da conexão e lança-o para lutar e fugir; o lugar dorsal do colapso, do entorpecimento e do desaparecer. Use esses marcadores para identificar onde você está agora. Qual estado está desperto? Você pode usar a frase que criou para ajudá-lo a se ancorar na curiosidade, para que possa viajar internamente com segurança e perceber seu estado.

À medida que você começar a se sentir confortável com essa maneira de escutar, expanda a prática do momento presente para o passado recente. Comece pensando no ponto para onde seu sistema nervoso autônomo o levou nos últimos cinco minutos. Quais estados você visitou? O foco é simplesmente sintonizar e escutar, sem ser puxado para a criação de significado. Com a prática, você pode decidir expandir sua reflexão para quinze minutos ou mais. Conforme ganhar habilidade nessa forma de reflexão, você pode parar e escutar de tempos em tempos durante o dia, ou reservar um tempo para refletir no final do dia. Não há uma maneira única de praticar; o trabalho é definido pelo tempo ao longo do qual seu sistema nervoso diz "sim". Seja qual for a forma com que pratica a escuta, essa exploração é uma maneira de se conectar e trazer consciência aos estados autônomos que você experimenta ao longo do dia.

Essa é a base para aprender a ouvir. À medida que você se sintoniza e traz consciência aos seus estados, comece a explorar algumas dessas perguntas: esses lugares são familiares? Você encontrou um estado que não visita com frequência? Consegue enxergar algum padrão conhecido, ou há um novo padrão interessante surgindo? Lembre-se: esta é uma experiência de coleta de informações, não de criação de significado. Reserve um tempo para refletir e documentar em seu diário o que está aprendendo.

## Exploração:

## De Fora para Dentro e de Dentro para Fora

Depois de concluir esta exploração inicial de como escutar com autocompaixão e curiosidade, podemos agora pensar em duas maneiras diferentes para a escuta: de fora para dentro e de dentro para fora. Para muitas pessoas, no início, é mais fácil começar a escutar de fora para dentro. Você pode usar as seguintes perguntas para começar a escutar dessa forma:

Onde estou? (Localize-se no tempo e no espaço.)

O que está acontecendo no ambiente?

Quem está por perto?

O que estou fazendo?

Qual estado está ativado?

Observe que as perguntas são projetadas para evocar curiosidade, identificar experiências externas concretas e guiá-lo para identificar seu estado autônomo. Use estas cinco perguntas para praticar a escuta de fora para dentro.

Ouvir de dentro para fora é uma maneira igualmente importante para se conectar. E assim como ouvir de fora para dentro, o objetivo ao explorar esse tipo de escuta é permanecer na curiosidade e fora da criação de significado.

> O que estou sentindo no meu corpo?
>
> Para onde a energia está se movendo?
>
> Onde a energia não está chegando?
>
> Eu me sinto preenchido?
>
> Eu me sinto vazio?
>
> Qual estado está ativo neste momento?

> De forma semelhante à primeira lista, estas perguntas também são projetadas para evocar curiosidade, desta vez trazendo atenção para experiências internas para dar suporte à conexão com seu estado autônomo.

Para terminar este capítulo, vamos ouvir mais uma vez as mensagens do seu sistema nervoso. Imagine que você é um explorador autônomo aprendendo sobre seu sistema. Pare por um momento. Saia do fluxo de atividade que o cerca e entre em conexão com seu mundo interior de atividade autônoma. Você pode dar esse passo para a conexão interna metaforicamente, ou pode sair fisicamente do fluxo do mundo ao seu redor e entrar em um espaço que traga o silêncio de que você precisa para se voltar para dentro e escutar. Deixe para trás qualquer necessidade de aplicar significados e chegue ao lugar onde pode simplesmente permanecer curioso sobre o funcionamento do seu sistema nervoso autônomo.

Acomode-se nesse lugar por um momento. Lembre-se, você está apenas escutando com atenção consciente. Quais energias autônomas estão se agitando? Qual é a mensagem que seu sistema nervoso está enviando? Volte-se para seu interior, sintonize essas mensagens com curiosidade e ouça sem julgamento. Quando tiver ouvido o que seu sistema nervoso quer que você saiba, volte para o momento presente e para a consciência externa. Leve a sensação de conexão com seu sistema nervoso autônomo consigo. Lembre-se, essa conexão interna está sempre disponível para você. Mantenha a intenção consciente de continuar a sintonizar seu interior e escutar.

O sistema nervoso fala em sua própria língua e, para ouvir, precisamos entendê-la. Tornar-se fluente em um novo idioma leva tempo e prática. Quando entramos na conversa com curiosidade, começamos a nos conectar com a energia que está logo abaixo da superfície da consciência e ouvimos as histórias autônomas que estão moldando nossos dias.

# 4

# A Ânsia por Conexão

Sou humano porque pertenço ao todo,
à comunidade, à nação, à tribo, à Terra.

ARCEBISPO DESMOND TUTU,
NO PREFÁCIO DE *DIGNIDADE*

Nós viemos ao mundo já preparados para fazermos conexões. Com nossa primeira respiração, embarcamos em uma busca de vida para nos sentirmos seguros em nossos corpos, em nossos ambientes e em nossos relacionamentos com os outros. Como meu colega Stephen Porges sempre expressou, nosso desejo não é simplesmente nos sentirmos seguros, mas nos sentirmos seguros nos braços de outro. A corregulação é o que chamamos de imperativo biológico, o que significa que não sobrevivemos sem ela. Nascemos precisando ser acolhidos por outro ser humano, e essa necessidade essencial dura a vida toda. O biólogo evolucionista, Theodosius Dobzhansky, falou sobre isso em seu livro *O Homem em Evolução*, quando escreveu que, "O mais apto também pode ser o mais gentil, porque a sobrevivência geralmente requer ajuda mútua e cooperação".[1]

Histórias de crianças que vivem em orfanatos ou crescem em lares sem adultos previsivelmente seguros ilustram o que acontece quando as necessidades básicas de sobrevivência são atendidas, mas não há uma percepção de conexão segura e previsível com outra pessoa. Sem essas conexões, temos mais dificuldade em adequar as emoções, experimentamos baixa autoestima e temos dificuldades em criar relacionamentos duradouros e saudáveis. Embora possamos desistir da busca ativa por outras pessoas com quem nos conectarmos, nosso sistema nervoso nunca para de procurar, esperar e ansiar por conexão. Ansiaremos por conexões seguras e confiáveis até o dia em que morrermos. A corregulação é essencial: primeiro, para a sobrevivência e, depois, para se levar uma vida de bem-estar.

Não é necessário ter relacionamentos que estejam sempre em equilíbrio para atender às nossas necessidades de conexão. Precisamos de relacionamentos em que haja reciprocidade. Na verdade, construímos resiliência em relacionamentos quando nos sentimos conectados, vivenciamos uma ruptura e encontramos o caminho de volta para consertar. É somente quando acontecem rupturas sem conserto que nosso anseio por conexão traz sofrimento. O ciclo de reciprocidade, ruptura e conserto é a natureza de relacionamentos saudáveis.[2]

Ansiaremos por conexões seguras e confiáveis até o dia em que morrermos. A corregulação é essencial: primeiro, para a sobrevivência e, depois, para se levar uma vida de bem-estar.

Somos programados para nos conectar, desejamos e nutrimos expectativa de nos conectar e, ainda assim, muitas vezes, é em nossas conexões que nos sentimos não vistos, não compreendidos, não acolhidos e não seguros. Sebern Fisher, uma expoente especialista em *neurofeedback*, afirma que, quando sentimos falta de experiências de estar com pessoas com as quais podemos nos corregular de forma segura e previsível, que ela chama de "o outro organizador", nosso sistema nervoso fica atordoado.[3] Em um nível corporal, somos nutridos em momentos de conexão com pessoas que são reguladas, seguras e acolhedoras, e ficamos chocados quando não temos experiências suficientes desse tipo.

A falta de conexão traz consequências para a saúde e cria uma experiência diária de sofrimento. Pesquisas sobre as consequências de se estar fora de conexão mostram que, quando estamos solitários, corremos maior risco de doenças físicas e psicológicas. Nossa função imunológica é impactada, e temos níveis mais altos de inflamação e maior risco de câncer, doenças cardíacas e diabetes. Sofremos com ansiedade ou depressão contínuas e, à medida que envelhecemos, esses riscos aumentam.[4] Curiosamente, as pesquisas mostram que não são nossas circunstâncias reais, mas sim uma percepção de solidão que cria o risco.[5] Podemos estar cercados por pessoas e nos sentirmos conectados ou estar cercados por pessoas e nos sentirmos profundamente sozinhos.

Pense em um momento em que você estava com outras pessoas e se sentiu desconectado, e em outro momento em que estava com mais pessoas e se sentiu conectado. Ambas são experiências comuns. A primeira leva você à luta e fuga simpáticas ou ao fechamento e colapso dorsal, e a segunda ajuda você a se sentir ancorado na segurança e conexão ventral.

## O Sistema de Envolvimento Social

Nossa biologia evoluiu e incluiu um sistema conhecido como sistema de envolvimento social. Quando o componente vagal ventral foi adicionado, cinco circuitos entraram em conexão no tronco cerebral, e o sistema de envolvimento social humano ganhou vida. O caminho vagal ventral para o coração, unido aos nervos que controlam os olhos, ouvidos, a voz e a forma como movemos a cabeça, torna o sistema de envolvimento social uma verdadeira conexão rosto-coração biológica.

Para localizar seu sistema de engajamento social, comece colocando suas mãos na base do crânio, onde seu tronco cerebral encontra sua medula espinhal. Este é o centro do sistema de engajamento social. Agora, coloque a mão na lateral do seu rosto e a outra sobre seu coração. Imagine a energia se movendo entre suas mãos, viajando do rosto para o coração e do coração para o rosto. Siga esse caminho em ambas as direções. É por meio dessa conexão rosto-coração que escutamos sons de boas-vindas, procuramos rostos amigáveis e inclinamos nossas cabeças em busca de segurança. De micromomento em micromomento, através de nossos olhos, ouvidos, voz e movimentos de cabeça, nosso sistema de envolvimento social transmite um convite para a conexão com alguém ou envia um aviso para que mantenham distância. Além de enviar sinais acolhedores ou preventivos, nosso sistema de envolvimento social procura os sinais das outras pessoas para nos informar se é seguro entrar em conexão com elas.

# Exploração:

# Elementos do Sistema de Envolvimento Social

## Sinais dos Olhos

Vamos explorar um elemento do sistema de envolvimento social por vez, começando pelos olhos. Ao redor dos nossos olhos há um músculo chamado *orbicularis oculi*. Este músculo abre e fecha a pálpebra e contribui para a formação dos nossos pés de galinha, as rugas ao redor dos nossos olhos, que fazem parte da nossa história autônoma. O terço superior do rosto é a parte que o sistema nervoso autônomo olha primeiro para ver se alguém é amigo ou inimigo.

Nossos olhos geralmente mudam muitas vezes ao dia, às vezes enviando um olhar fixo ou emitindo um brilho raivoso, outras vezes mudando para um olhar neutro, e outras ainda, oferecendo um olhar caloroso e convidativo. Vamos experimentar essas três maneiras de olhar. Comece lançando um olhar focado e forte, com uma pitada de tensão. Você pode sentir seus olhos se estendendo para fora das órbitas enquanto envia uma mensagem com uma intenção clara. Agora mude para uma maneira mais neutra de olhar. É uma ação não tão focada, na qual você sente seus olhos se acomodarem um pouco nas órbitas. Essa maneira de olhar não carrega tantas informações e pode causar confusão à outra pessoa, enquanto ela tenta estimar o perigo e a segurança na interação. Finalmente, termine com um olhar suave e caloroso. Sinta seus olhos descansando tranquilamente nas órbitas, enquanto você oferece um convite para a conexão e envia sinais de segurança. Nós transitamos naturalmente por essas maneiras diferenciadas de olhar muitas vezes ao dia. Sem o importante elemento do contexto (veja o capítulo 1), nós nos movemos em direção à conexão ou nos afastamos, dependendo de como o olhar que recebermos for filtrado por nossas próprias experiências passadas.

## Sons de Segurança e Perigo

Os ouvidos são outra parte importante do sistema de envolvimento social. Quando nos sentimos seguros e ajustados, nossa audição é sintonizada na frequência da voz humana, e ouvimos sons amigáveis. Quando começamos a nos sentir ansiosos ou desconfortáveis, para permanecermos seguros, ouvimos sons de perigo e a presença de predadores. Sons de baixa frequência geralmente trazem uma resposta de fuga ou de colapso, enquanto sons de alta frequência chamam nossa atenção e procuramos encontrar a origem do problema. Você pode explorar sua resposta autônoma ao som ouvindo diferentes ruídos e percebendo se é puxado para a conexão, com um desejo de se aproximar, ou se sente que deve se afastar e se desconectar.

O ambiente ao nosso redor é cheio de sons, criando o que é conhecido como paisagem sonora.[6] Dedique um tempo para sintonizar sua paisagem sonora. Quais são os sons ao seu redor? Enquanto ouve, deixe sua consciência se mover abaixo da primeira camada de ruídos e sintonize a variedade de sons que compõem sua paisagem. Comece a perceber as paisagens sonoras que o cercam conforme você avança no seu dia e as maneiras como seu sistema nervoso responde. Eu me sinto bem-vinda na paisagem sonora que encontro perto do mar. Onde estão as paisagens sonoras que o acolhem?

Nossas paisagens sonoras são cheias de sons específicos chamados marcas sonoras.[7] Algumas marcas sonoras nos ajudam a ancorar na regulação, enquanto outras estimulam um movimento para a mobilização ou o desligamento. Para mim, as ondas e o som do oceano me ancoram no ventral, enquanto, para outras pessoas, essas mesmas marcas sonoras podem ativar um movimento simpático de luta ou fuga, ou o desligamento dorsal. Sintonize as marcas dos diferentes ambientes que você encontrar. Quais delas lhe dão as boas-vindas e quais lhe enviam um aviso de perigo? Imagine uma paisagem sonora que o ajude a se ancorar no sistema ventral e observe as marcas sonoras que são importantes para você. Quando podemos identificar as marcas que nos ajudam a ancorar em segurança e regulação, podemos começar a moldar nossas paisagens sonoras para serem autonomamente positivas.

A palavra *prosódia* é usada para descrever a entonação e o ritmo de uma voz. A prosódia pode ser considerada a música da nossa voz. Transmitimos nossa intenção subjacente por meio do tom e da elevação e redução da nossa voz enquanto falamos. O sistema nervoso ouve essa entonação antes de receber qualquer informação. Quando ouvimos um tom acolhedor, sintonizamos a conversa e, quando ouvimos um tom de aviso de risco, prestamos atenção aos sinais de perigo e ignoramos o significado das palavras. Ouvimos os sons das palavras antes de procurar seus significados.

Além das palavras, nós muitas vezes nos comunicamos por meio de sons não linguísticos chamados interjeições. São sons como "hmm", "hãh" e "oh-oh" que usamos comumente em conversas cotidianas. Interjeições são sons universalmente compreendidos. São reconhecidos em todas as culturas e até mesmo por outras espécies (também usamos esses sons quando falamos com nossos animais de estimação). Nós nos comunicamos claramente sem precisar de palavras. É reconfortante lembrar que, quando é difícil encontrar palavras e não sabemos bem o que dizer, podemos usar uma interjeição e transmitir ao outro nossas intenções de forma confiável.[8]

## Mensagens dos Movimentos da Cabeça

Finalmente, podemos observar as maneiras como inclinamos e viramos nossas cabeças. Fazemos um movimento de cabeça natural, uma leve virada e uma inclinação que é um sinal de segurança. Você pode ter uma noção disso observando o que acontece quando fala enquanto mantém a cabeça reta e imóvel, e comparando com o que ocorre quando fala e deixa sua cabeça se mover de uma forma que pareça natural. Embora possa parecer um movimento simples e sem importância, na verdade, quando viramos e inclinamos nossas cabeças, estamos enviando sinais de segurança significativos.

## Caminhos de Conexão

Somos nutridos pelas conexões essenciais conosco, com os outros, com o mundo e com o espírito. Essas conexões são fundamentadas no sistema nervoso. Quando estamos ancorados na segurança e regulação ventrais, estamos prontos para a conexão. Quando perdemos nossa âncora no sistema ventral, também perdemos nossa capacidade de conexão. Cada uma das quatro conexões (eu, outro, mundo, espírito) é importante para o bem-estar. Temos nossas próprias necessidades individuais quanto à combinação de conexões, que nos ajudam a nos sentir nutridos, e nossas próprias maneiras de utilizar cada caminho. Não é como uma equação que resolvemos apenas uma vez, pois as proporções entre elas estão sempre mudando. Nosso trabalho é sintonizar e saber o que é necessário hoje, nesta semana ou mesmo neste exato momento. Temos que ouvir não as histórias que nosso cérebro nos conta sobre o que precisamos, ou o que as pessoas ao nosso redor acham que precisamos, mas o que nosso sistema nervoso está pedindo. Quando estamos ancorados na segurança e regulação do sistema ventral, podemos trazer curiosidade para a combinação de conexões que nos nutrem e sustentam.

## Exploração:

## Quatro Conexões

### Conexão com o Eu

O que acontece quando nos voltamos para a conexão interna? Rumi, em seu poema *A Hospedaria*, escreveu: "Isso de ser humano é como uma hospedaria", e Walt Whitman, em seu poema *Canção de Mim Mesmo, 51*, escreveu: "Eu sou imenso, contenho multidões". O modelo *Internal Family Systems* (IFS, "Sistemas Familiares Internos", em tradução livre), desenvolvido por Richard Schwartz, lembra-nos que todos somos uma multiplicidade normal. Somos um sistema integrado, um e muitos. Todos nós temos partes.

Na verdade, é comum falar sobre nossas partes nas conversas diárias. "Tem uma parte de mim que quer sair e encontrar meus amigos, e outra parte de mim que vai ficar feliz se permanecer em casa." "Uma parte de mim está preocupada em escrever este livro, e outra parte está animada para compartilhar minha paixão pela Teoria Polivagal." Quando estamos ancorados na energia reguladora do nosso sistema vagal ventral, a frase a seguir pode nos ajudar a sentir uma sensação interna de conexão. Tente completar esta frase e veja quais conexões internas você encontra: "Tem uma parte de mim que ______________________, e outra parte de mim que ______________________".

As práticas de reflexão fortalecem nossa conexão conosco. As explorações deste livro, que o levam para seu interior, para estar com as variadas tonalidades de suas experiências autônomas, são uma forma de conexão. Além da prática intencional contínua, simplesmente parar durante o dia para tirar um momento para estar consigo mesmo, para se voltar brevemente para dentro e ouvir, é algo que constrói esses caminhos de conexão.

## Conexão com os Outros

Sinta seu sistema de envolvimento social se iluminar. Se achar bom, você pode colocar uma das mãos no coração e a outra na lateral do rosto para encontrar os caminhos dessa conexão rosto-coração. Olhe para o mundo e sinta as maneiras como está conectado com outras pessoas. Considere as maneiras com que você se envolve. Você pode se conectar remotamente por mensagens de texto, e-mails, por telefone ou videoconferência. Pode fazer uma conexão presencial por meio de atividades agendadas regularmente ou por convites espontâneos do momento. Faça um balanço das maneiras como se conecta no trabalho, quando está se divertindo, em casa, com sua família e com os amigos.

Ao considerar as maneiras pelas quais você entra em conexão, pense primeiro no que está dando certo. Quem são as pessoas em sua vida com quem sente uma conexão? Quais são as coisas que vocês fazem juntos que promovem essa conexão? Então, explore o que pode querer experimentar. Quem gostaria de convidar para uma conexão? O que faria para explorar a criação de novas conexões?

## Conexão com o Mundo

Nós nos conectamos com o mundo pelas maneiras com que habitamos nosso espaço e nos sentimos em casa. Sabemos que estamos em casa quando também sabemos como é não estar em casa. Por meio do nosso sistema nervoso, temos uma experiência incorporada do que é abrigo, o que é o nosso lar e o que não é. Somente quando experimentamos os dois lados é que temos uma maneira de comparar, contrastar e reconhecer onde estamos.

Quando ouvimos nosso sistema nervoso, podemos sintonizar três histórias. Podemos ouvir uma história de estar em casa em segurança e conexão ventral e duas histórias diferentes de estar longe de casa. Uma das histórias de estar longe de casa surge do estado dorsal de colapso e traz consigo uma sensação de estar sem um teto, perdido para sempre em uma terra desconhecida. A outra história de estar longe vem de uma intensa mobilização simpática e ativa uma busca desesperada para encontrar o caminho de casa. A história de estar em casa é uma história de segurança e conexão guiada pelo fluxo de um sistema nervoso regulado. É uma história de pertencimento. O poema *This Urge for Here* ("Essa Ânsia pelo Aqui", em tradução livre), do meu querido amigo Gary Whited, é para mim uma história de estar em casa:

*The sleeping dog by the stove,*
*the cardinal calling*
*in the maples out back,*
*that touch of wooden floor*
*on bare feet,*
*this taste of tea…*
*Oh urge grow deeper,*
*help me stay here.*

(Tradução livre:
"O cão adormecido perto do fogão,
o cardeal cantando
nos bordos lá atrás,
aquele toque do chão de madeira
sob pés descalços,
este gosto de chá...
Oh, desejo, alcance mais fundo,
ajude-me a ficar aqui.")

Reserve um tempo para se voltar para dentro e ouvir suas três histórias. Como seu sistema nervoso lhe envia a mensagem de estar se sentindo perdido, incapaz de encontrar o caminho de casa? O que acontece quando você está procurando freneticamente esse caminho? E qual é sua experiência corporal de voltar para casa? Passe algum tempo conhecendo os dois lados da experiência — estar em casa e não estar. Explore os sentimentos em seu corpo, as palavras que acompanham os sentimentos e as ações às quais você é levado em cada experiência.

Não importa onde estejamos no mundo, podemos levar conosco a sensação de estar em casa. Uma das maneiras pelas quais me sinto apoiada na minha história de estar em casa é uma rotina matinal simples de tomar café e participar de uma conversa por mensagens de texto com uma amiga. Não importa que vivamos em diferentes partes do país ou que viajemos por diferentes fusos horários. Sei que ela lerá minha mensagem com seu café da manhã, assim como leio a dela com o meu. Por meio dessa rotina matinal simples, sinto a previsibilidade da corregulação através do tempo e do espaço, e isso me traz uma sensação corporal de estar em casa. Qual seria uma maneira simples de você vivenciar estar em seu lar? Ao olhar para suas rotinas familiares, alguma delas carrega a história de seu lar?

Além da nossa história cotidiana de estarmos em casa, acho que também temos uma experiência mais expansiva de nossa alma se sentir em casa. Quando fico longe da água por muito tempo, vem uma dor autônoma profunda e persistente, e sei que tenho que dar um jeito de me aproximar do mar. Outras pessoas descobrem que suas almas estão em casa, na floresta, nas montanhas, no deserto ou nas campinas. Existe todo tipo de ambiente que chamamos de lar. Qual é o ambiente de que sua alma precisa para se sentir em casa? Como você sente essa experiência de retorno ao lar?

## Conexão com a Espiritualidade

Embora minhas conexões comigo mesma, com os outros e com o mundo sejam bastante estáveis, acho que minha conexão com a espiritualidade continua a se desenvolver. Alguns anos atrás, vivenciei um momento de desespero. Eu estava sem opções e precisava de ajuda e, naquele momento, pedi orientação ao Universo. Não sou uma pessoa religiosa, então o que aconteceu foi surpreendente. A Mãe Maria apareceu atrás do meu ombro direito. Eu consegui vê-la e sentir sua presença e fui tomada por uma sensação de admiração. Apesar de a sensação de sua presença real ir e voltar, a energia permanece comigo e me traz o saber corporificado de que não estou sozinha. Como é uma conexão com o espírito para você? Nós nos conectamos de muitas maneiras, incluindo por meio de seres espirituais, animais espirituais, seres energéticos e conexões ancestrais. Chame para si uma conexão com a espiritualidade, em qualquer forma que ela chegue neste momento.

A conexão por meio de cada um dos quatro caminhos que exploramos é uma maneira de nutrir o sistema nervoso. Podemos pensar nisso como se fossem encher nossos tanques autônomos. Precisamos saber o quanto nossos tanques estão cheios. Então, para começar, crie uma imagem para o medidor do seu tanque autônomo. Desenhe o medidor, marque os incrementos como "cheio", "três quartos", "metade", "um quarto" e "vazio" e, em seguida, dê a cada uma das medidas nomes que se encaixem em sua experiência. Eu uso a imagem do medidor de combustível do meu carro e rotulo meus incrementos como "cheio", "enchendo", "suficientemente bom", "esvaziando" e "esgotado".

## Exploração:
## Enchendo Seu Tanque Autônomo

Agora que você tem suas imagens e palavras, use seu medidor para explorar o quanto seu tanque está cheio. Ao olhar para os quatro caminhos, para si mesmo, para o outro, para o mundo e para o espírito, onde você sente abundância e onde sente falta? Primeiro, considere as formas de conexão individualmente e identifique onde seu medidor está para cada um. Quais caminhos estão com o tanque cheio ou enchendo e quais estão esvaziando, na direção do esgotamento? E agora reflita sobre a forma como suas conexões com o eu, com os outros, com o mundo e com o espírito estão trabalhando juntas para encher seu tanque autônomo. Quando une os caminhos, onde você está no seu medidor? Quais são as combinações que estão funcionando e quais são as conexões que seu sistema está querendo neste momento? Reserve um tempo para registrar o que for importante saber e lembrar.

## De Solitário a Conectado

Pablo Neruda, no poema *Ode e Germinações*, escreveu: "E, uma a uma, as noites entre nossas cidades separadas se juntam à noite que nos une". No mundo de hoje, parecemos estar mais focados na individualidade e frequentemente atribuímos mais importância à nossa separação do que às nossas conexões. Precisamos lembrar que nossa capacidade de florescer por conta própria é construída sobre a base inicial de estarmos conectados com segurança. E mesmo quando passamos da corregulação para a autorregulação, nunca perdemos a necessidade de estarmos conectados com segurança com os outros. Enquanto estivermos vivos, momentos de corregulação e autorregulação serão necessários para o bem-estar.

Entramos no mundo precisando corregular, ou nos ajustar e adequar, para sobreviver e, com experiências suficientes de segurança na corregulação, aprendemos a nos autorregular. Sem as experiências iniciais de corregulação segura, estratégias de autorregulação são criadas como resposta de sobrevivência. Pode parecer que estamos indo bem assim, mas nossa experiência interna é de medo motivado pela socialidade. Quando construímos um padrão de ação a partir de um estado de sobrevivência, sofremos tanto física quanto psicologicamente. Podemos ser bem-sucedidos no mundo, mas não nos sentimos satisfeitos nem encontramos alegria em nossas experiências.

Considere as maneiras pelas quais você usa a autorregulação e a corregulação. Se você teve pessoas no início da vida que estavam previsivelmente presentes e ofereceram experiências seguras de corregulação, é mais provável que sua capacidade de autorregulação venha de uma base de corregulação. Conforme navega em seu mundo, você é lembrado de que está em segurança e de que o mundo é um lugar seguro para se estar, que há pessoas com quem pode contar, pessoas com quem se importa e com quem se conectar. Se você não teve essas experiências seguras, previsíveis e correguladoras no início da sua vida e ainda não teve experiências semelhantes suficientes, é mais provável que esteja se autorregulando a partir de um estado autônomo de sobrevivência. Conforme navega pelo seu mundo a partir deste lugar, você pensa que está só, que não pode depender dos outros e tem que fazer tudo sozinho.

Enquanto estivermos vivos, momentos de corregulação e autorregulação serão necessários para o bem-estar.

Stephen Porges descreve o trauma como uma interrupção crônica da conexão. Pesquisas nos dizem que experiências de conexão e experiências de solidão preveem o bem-estar, as doenças e a mortalidade. Estudos nos mostram que o quanto nos sentimos conectados ou solitários impacta as maneiras como nosso corpo responde a vírus, impacta a saúde de nossos corações, nossas habilidades cognitivas e até mesmo quanto tempo vivemos.[9] John Cacioppo, um pioneiro na pesquisa sobre a solidão, nos lembra que os humanos são seres sociais e nossa natureza é reconhecer, interagir e formar relacionamentos com os outros.[10] A conexão com os outros gera uma percepção de pertencimento e uma sensação compartilhada de segurança. Pertencer, ser parte de algo não é apenas um estado psicológico, é uma necessidade biológica. Conexão social é um ingrediente necessário para uma vida de bem-estar.

Uma maneira de explorar sua experiência de conexão é esta versão curta da escala de solidão da UCLA.[11] Em uma escala de "quase nunca", "às vezes" e "frequentemente", responda às três perguntas a seguir:

1. Com que frequência você sente falta de companhia?
2. Com que frequência você se sente excluído?
3. Com que frequência você se sente isolado dos outros?

Agora, pontue suas respostas: quase nunca = 1, algumas vezes = 2, frequentemente = 3. As pontuações totais seguem uma gradação de 3 a 9, indo do menos solitário ao mais solitário. Embora não precisemos de uma escala para nos dizer o que nosso sistema nervoso sabe, os números são uma validação externa e uma forma importante de reconhecer nossa experiência.

Tanto o apoio social quanto a conexão social são necessários para nos ajudar a atender às demandas de nossa rotina. O apoio social vem das pessoas com quem contamos, que estarão presentes e nos ajudarão de maneiras concretas, e que nos possibilitam administrar nossa vida diária. Essas conexões essenciais são formadas pela troca de serviços. Quando meu marido sofreu um derrame alguns anos atrás, nós apreciamos o apoio social que facilitou um pouco nossa vida diária. Ao refletir sobre sua rotina diária, quem são seus apoios sociais?

As conexões sociais, por outro lado, vêm das pessoas em nossa vida que conhecemos e que nos conhecem profundamente. É a pessoa para quem ligamos quando estamos nos sentindo angustiados e precisamos de alguém que se sente calmamente conosco sem ficar oferecendo conselhos, a pessoa que entende nossa necessidade de às vezes reclamar e comemorar conosco quando a vida está boa. Os relacionamentos socialmente conectados são cheios de reciprocidade. Com a conexão social, damos e ganhamos, oferecemos e recebemos. Há um ritmo no relacionamento. Ao refletir sobre seus relacionamentos, quem está na categoria de conexão social para você? Com quem você sente essa conexão corregthe suladora, segura e previsível?

É com experiências suficientes de conexão social e oportunidades contínuas e previsíveis de reciprocidade e corregulação que criamos a base para a autorregulação que nos sustenta quando as experiências de corregulação não estão disponíveis.

## Solitude

Diferentemente da solidão, a solitude é uma experiência reguladora e nutritiva de se escolher ficar sozinho e sentir uma sensação de paz em estar só. Em *O Caminho do Silêncio*, David Steindl-Rast, monge beneditino e amado professor de como viver com gratidão, lembra-nos de que, com fortes raízes na união, podemos ficar sozinhos em vez de solitários quando estamos a sós:

> Às vezes, quando estamos a sós, descobrimos que — não tanto apesar de, mas pelo fato de estarmos verdadeiramente sozinhos naquele momento — estamos unidos a tudo e a todos. Quer estejamos sozinhos (em nosso quarto ou) com as árvores, com as pedras, as nuvens, a água, as estrelas, o vento ou com o que quer que seja, sentimos como se nosso coração estivesse se expandindo, como se nosso ser estivesse se ampliando para abraçar tudo, como se as barreiras fossem de alguma forma quebradas ou dissolvidas, e somos um com tudo. Quando estou mais verdadeiramente sozinho, sou um com tudo.[12]

Sem experiências suficientes de corregulação, não podemos encontrar estímulo na solitude. Nosso desejo por conexão não atendido ativa uma busca desesperada por conexão ou provoca um colapso em direção ao desespero e à desconexão. Você tem experiências suficientes de corregulação em sua vida diária para que também possa experimentar a doçura da solitude?

## Exploração:

## Solitude ou Solidão

É importante saber quando estamos saboreando a solitude e quando estamos caindo na solidão. Quais são os sinais de que você está mudando de sentir a paz da solitude e começando a se sentir solitário? Sei que estou começando a mudar da solitude para a solidão quando começo a me sentir um pouco confusa; começo a perder o contato com o meu entorno e meus pensamentos mudam de um clima de paz para um de preocupação.

Reserve um momento para explorar o que acontece quando você começa a deixar a segurança da solitude. Sinta as formas pelas quais as sensações do seu corpo mostram a mudança inicial. Ouça seus pensamentos e identifique aqueles que o estiverem direcionando a deixar a tranquilidade e mover-se para a solidão. Volte-se para seus sentimentos e observe quando eles começam a mudar, passando daqueles que pertencem ao seu estado ventral de segurança e conexão para aqueles que emergem do medo simpático ou do desespero dorsal.

Conheça seu caminho entre a solitude e a solidão. Crie o equilíbrio de experiências que atenda às suas necessidades de estar com os outros e dê base à sua capacidade de saborear momentos de solitude.

Do nosso primeiro ao último suspiro, estamos em uma busca vitalícia por conexão. Somos seres sociais com uma necessidade biológica de nos conectar e corregular com os outros. Quando essa necessidade é atendida, podemos nos voltar para nosso interior, conectar-nos à nossa própria experiência e nos autorregular. E, a partir dessa plataforma de segurança, na soma da autorregulação e da corregulação, somos capazes de nos conectar com o mundo ao nosso redor e com a orientação espiritual que nos guia.

# 5

# Neurocepção: A Intuição do Seu Sistema Nervoso

Todos nós temos um guia melhor em nós mesmos, se prestarmos atenção a ele, do que qualquer outra pessoa poderia ser.

JANE AUSTEN,
*MANSFIELD PARK*

Falamos da neurocepção primeiramente no capítulo 1 como um dos princípios organizadores da Teoria Polivagal. Com base nessa breve introdução, vamos agora explorar mais detalhadamente o que é neurocepção e como ela funciona.

A intuição é nossa capacidade de saber alguma coisa sem pensar nela ou usar fatos para entendê-la. Podemos pensar na neurocepção como nossa intuição autônoma. Como o sistema nervoso autônomo é um sistema que funciona principalmente fora de nossa consciência e opera abaixo do nível do nosso cérebro pensante, a neurocepção é uma forma de saber muito diferente da nossa compreensão cognitiva. Por meio do processo de neurocepção, o sistema nervoso ouve o que está acontecendo em nossas experiências corporais, ambientais e relacionais, procura sinais de segurança e de perigo e responde se desligando, mobilizando-se para a ação ou ancorando-se na regulação. Embora gostemos de pensar que estamos usando nossos sábios e maravilhosos cérebros para tomar decisões, na verdade, muito antes que as informações cheguem a ele, o sistema nervoso autônomo entra em ação.

Sem que tenhamos consciência, a neurocepção trabalha em segundo plano, servindo à nossa sobrevivência e moldando nossos dias. É quando trazemos a percepção para a neurocepção que temos acesso à perspectiva. Ao adicionar percepção ao processo autônomo de neurocepção, não estamos mais simplesmente naquele estado; agora somos capazes de estar com ele e observar e refletir sobre a experiência. Oitenta por cento das informações vindas de nossas vias vagais fluem do corpo para o cérebro pelo que chamamos de vias aferentes, enquanto vinte por cento retornam do cérebro para o corpo pelas chamadas vias eferentes. (Uma forma fácil de guardar os dois termos é lembrar que aferente "chega", do inglês *afferent arrives*, e eferente "sai", do inglês *efferent exits*.) O cérebro pega as informações que recebe do corpo e as transforma em uma história para dar sentido ao que está acontecendo no corpo. Quando trazemos percepção para a neurocepção e trazemos consciência para os três fluxos de informação autônoma (incorporada, ambiental e relacional), convidamos o corpo e o cérebro a trabalharem juntos. Aí nos tornamos mais do que simples ouvintes de histórias. Nós nos tornamos escritores e editores de histórias.

Através da neurocepção, o sistema nervoso escuta enquanto transitamos por nossa vida diária, avaliando continuamente os riscos e respondendo a serviço da nossa sobrevivência. Primeiro ficamos cientes de nossas respostas em um nível físico, depois, por meio da conexão com a história que emerge. Às vezes, o impacto é oculto, vivenciado internamente e conhecido apenas por nós mesmos. Sentimos mudanças em nossa respiração e batimentos cardíacos, em nossa digestão e diferentes sensações em nossa garganta. Nossos pensamentos começam a formar uma história. Essa experiência interna geralmente é acompanhada de um impulso para agir. Em outros momentos, nossas respostas são visíveis para o mundo. Nossas expressões faciais, tom de voz, gestos e postura mostram aos outros o que estamos sentindo. Dizemos o que estamos pensando, e o impulso para agir, que estava escondido internamente, ganha vida e passa a ser visto em nossos comportamentos.

Nosso sistema nervoso autônomo geralmente se comporta de forma a nos ajudar a gerenciar as experiências com sucesso. Por exemplo, estou ancorada na regulação enquanto aproveito uma caminhada por uma floresta, mas fico mobilizada quando vejo uma cobra no caminho. A neurocepção é uma correspondência para o que está acontecendo no momento, respondendo com precisão à pergunta: "Eu estou seguro?". Também podemos nos sentir alarmados e hipervigilantes quando não há risco real. Posso acabar me sentindo altamente ansiosa sempre que atendo ao meu telefone ou estar extremamente ciente de cada som e precisar saber exatamente de onde está vindo. Ou podemos vivenciar o mundo em um estado de entorpecimento e inconsciência. Não presto atenção por onde estou andando e sempre esbarro nas coisas, ou não reconheço quando alguém oferece ajuda por amizade. Quando esses tipos de experiências alarmantes ou inconscientes acontecem, podemos dizer que nosso sistema nervoso não está atendendo com exatidão à questão da segurança e que está agindo de uma forma incompatível.

Às vezes, nós ignoramos ou anulamos nossa neurocepção. Veja se consegue se lembrar de uma ocasião em que sua neurocepção lhe enviou uma mensagem, e você não deu ouvidos a ela — talvez você tenha ficado relutante em aceitar um convite, mas o aceitou de qualquer forma — ou de uma ocasião em que você a ouviu, mas não seguiu sua orientação. Talvez você tenha sentido em seu coração que não deveria concordar em trabalhar em um projeto, mas descartou esse sentimento como algo tolo, e disse sim. Quando não escutamos a informação, ou quando a ouvimos e a desconsideramos, frequentemente nos arrependemos mais tarde. Olhamos para trás e percebemos que nosso sistema nervoso autônomo estava enviando uma mensagem importante e, naquele momento, não fomos capazes ou não estávamos prontos para absorver a informação e usá-la para nosso bem-estar.

É na infância que começamos a aprender a sintonizar ou desligar. Ensinam-nos a escutar e ser guiados pelo que ouvimos, ou a ignorar e anular as mensagens que a neurocepção está enviando. Pode ser que tenhamos crescido em lares onde nos diziam que aquilo que sentíamos não era legal, não estava certo, que deveríamos ignorar o que nossa neurocepção estava nos dizendo. Nesse ambiente, fomos treinados para não ouvir e não prestar atenção. Ou pode ser que, no início da vida, tenhamos tido ajuda para sintonizar nossos sentimentos e levá-los em consideração ao tomar decisões. As pessoas ao nosso redor nos ensinaram que era seguro olhar para o mundo e falar sobre o que víamos. Nesse ambiente, aprendemos que nossa experiência interna tem informações importantes.

## Exploração:

## Moldando a Neurocepção

Reserve um momento para refletir sobre sua experiência. Você foi ensinado a honrar ou ignorar sua neurocepção? Comece sua frase com: "Na minha família...". Pense naquilo que você aprendeu durante sua criação em sua família e complete o resto da frase. Se você foi ensinado a sintonizar sua neurocepção, pode ser que diga: "Na minha família, era seguro dizer o que eu estava sentindo". Se você foi ensinado a ignorar sua neurocepção, sua frase pode ficar assim: "Na minha família, as pessoas fingiam que nada estava acontecendo, e era mais seguro não ter essas percepções". Escreva várias frases para reconhecer as formas como sua família moldou sua capacidade de usar informações da neurocepção para orientar sua vida diária.

Reivindicar o poder de escutar e aprender a sintonizar-se com a sabedoria do sistema nervoso faz parte de se levar uma vida de bem-estar.

Reivindicar o poder de escutar e aprender a sintonizar-se com a sabedoria do sistema nervoso faz parte de se levar uma vida de bem-estar. Para isso, avançamos do passado para o presente. Usando as mesmas frases, mude a palavra *minha*, que representa o que aprendemos ao crescer, para *essa*, que representa a forma como estamos vivendo agora. Essas novas frases nos dão a oportunidade de observar as formas pelas quais a conexão com nossa sabedoria interior é apoiada ou não pelas pessoas que estão presentes em nossas vidas agora.

Se as pessoas que você considera serem sua família valorizam a conexão com a neurocepção e as informações corporais, ambientais e relacionais que ela envia, escreva as frases usando: "Nessa família...", e descreva claramente as formas como isso é praticado. Suas frases trarão consciência sobre as formas pelas quais você tem apoio para se sintonizar e o lembrarão de continuar escutando. Se ouvir a neurocepção não é algo encorajado pelas pessoas ao seu redor, escreva frases que descrevam os valores que você pretende criar. Essas frases vão servir de lembrete das condições que você está se comprometendo a criar em sua vida, que lhe permitirão seguir a sabedoria do seu sistema nervoso.

Há uma diferença entre não estar ciente das formas como somos guiados pelo sistema nervoso e a decisão de ignorar a direção para a qual nosso sistema nervoso está nos apontando. De vez em quando, temos que abordar uma experiência mesmo quando nossa neurocepção está enviando sinais de perigo. Temos uma questão médica com a qual precisamos lidar, precisamos confrontar um colega com um problema de trabalho ou temos que estabelecer limites em uma amizade. Quando ficamos atentos em vez de nos afastar, reconhecemos os sinais de perigo, procuramos formas de reduzi-los e fazer uma escolha intencional de seguir em frente na direção que ainda pode ser assustadora, mas necessária.

Recentemente, uma das minhas práticas confiáveis de ancoragem ventral foi impactada por uma mudança na neurocepção. Tenho um problema médico de coração que está sendo monitorado e, como acontece com a maioria das pessoas, quando sou confrontada por um desafio de saúde, minha neurocepção não é de segurança. Como muitas das práticas que me ajudam a me ancorar na regulação incluem colocar uma das mãos no meu coração, muitas vezes esbarro na consciência da minha situação médica. Agora, em vez de uma sugestão reconfortante de segurança, minha neurocepção ativa um gatilho de perigo e sou puxada para a ansiedade. O que costumava ser uma prática calmante se tornou uma experiência mais complicada. Quando toco na área do meu coração, começo a me preocupar com meus ritmos cardíacos. O que descobri é que posso reduzir a neurocepção de perigo sentindo meus batimentos cardíacos, imaginando minhas válvulas funcionando e, depois, minha prática familiar de repousar a mão sobre o coração mais uma vez me ajuda a ancorar na segurança ventral.

A neurocepção de perigo em torno da minha saúde também desafia minha capacidade de seguir em frente com testes e tratamento. Pensar em agendar uma consulta traz um gatilho de perigo. Sou rapidamente puxada para a decolagem simpática, e a intensidade da minha resposta de sobrevivência torna a ação mais difícil para mim. Reconhecer que o desafio médico é real e o tratamento inclui risco me permite sintonizar e ver as dicas de perigo com clareza. Fazer uma lista de passos a seguir e dar-me permissão para avançar um passo de cada vez também ajuda. Conversar com pessoas que já fizeram esses testes e o tratamento me dá uma percepção de não estar sozinha em um processo assustador. Embora eu não consiga resolver totalmente a neurocepção de perigo, estou encontrando uma forma de trabalhar com meu sistema nervoso.

## Exploração: Suficientemente Seguro

É natural haver coisas em nossas vidas que podem parecer um pouco assustadoras e com as quais ainda queremos, ou precisamos, nos envolver. Pode ser um recurso que você vem usando, mas que agora se tornou complicado, ou uma situação difícil que precisa abordar. Comece identificando uma experiência que deseja explorar. Agora reúna as informações necessárias para seguir em frente. Volte-se para a experiência e ouça as indicações de perigo. Reserve um tempo para realmente ouvir o que seu sistema nervoso quer que você saiba. Depois de ouvir, como você conecta o que aprendeu com o que precisa fazer, de uma forma que traga segurança? Se você estiver trabalhando com um recurso, experimente as etapas que pode seguir para reduzir os gatilhos de perigo e reconectar-se com a influência reguladora da prática. Se você estiver explorando uma situação difícil, perceber e nomear os gatilhos de perigo começa a suavizá-los um pouco, o que torna possível fazer um plano para trabalhar com eles. Procure sinais de segurança que já estejam presentes ou que você possa incluir. Descubra o que precisa acontecer para que possa honrar sua resposta de sobrevivência e trabalhar com seu sistema nervoso para dar os passos seguintes.

## Sintonizando

Podemos pensar na neurocepção como um sistema de vigilância incorporado, transmitindo informações importantes de seu lugar abaixo da superfície da consciência. Quando nos conectamos a esse sistema de informações, podemos usar suas mensagens para melhorar nossas decisões com informação. Quando você se sintoniza, onde em seu corpo você encontra seu sistema de vigilância? Muitas vezes, pensamos em um instinto visceral, e muitas pessoas sentem esse instinto, ou aquilo que gosto de pensar como nossa intuição autônoma, em seu estômago, mas você pode descobrir que o seu está em outro lugar. Toque nesse lugar com a mão ou direcione sua atenção para lá. Observe o que muda conforme você traz consciência para o que normalmente é uma experiência inconsciente.

Agora que você tem essa conexão com seu sistema de vigilância incorporado, procure uma imagem para representá-lo. Algumas das imagens que as pessoas usam incluem um farol de navegação com uma luz que gira, um guarda em uma torre de vigia, um cão de guarda gentil que está sempre pronto para responder e uma bola de luz que muda de cor. Para ver como é seu sistema de vigilância interno, concentre-se no lugar em seu corpo onde você o localizou, convide uma imagem e espere para ver o que surge. Permaneça aberto ao que vier. Podemos nos surpreender com a criatividade do nosso mundo interior em dar vida às nossas experiências autônomas. Quando conseguir formar a imagem, dedique um tempo para saber como ela funciona. Como ela rastreia sinais de segurança e perigo a cada momento?

No começo, conforme você conhece as formas como sua neurocepção funciona, pode ser interessante ou até um pouco alarmante sintonizar o fluxo de informações que está sempre correndo abaixo de nossa consciência. Estamos acostumados a prestar atenção aos nossos pensamentos, sentimentos e comportamentos, mas não a examinar o que está por baixo deles e descobrir o que nosso sistema nervoso autônomo está escutando. Para dar suporte a essa nova forma de ouvir, precisamos primeiro criar um caminho que seja fácil de percorrer e que nos permita conectar com o gatilho original que desencadeou a experiência.

## Exploração:
## Construindo um Caminho de Informações

A neurocepção inicia a criação de nossos comportamentos, sentimentos e histórias. Quando encontramos nosso caminho para esse ponto de partida intencionalmente, podemos trazer para a consciência aquilo que, de outra forma, permaneceria oculto. Para criar um caminho para reunir a neurocepção à percepção, o primeiro movimento é da consciência externa para a conexão interior. Volte-se para seu mundo interno e encontre o lugar que você identificou anteriormente, onde a neurocepção procura sua atenção. Agora busque o lugar onde sente sua percepção. Como isso envolve o córtex e as partes pensantes de nossos cérebros, muitas pessoas localizam seu lugar de percepção em algum lugar dentro da cabeça. Novamente, reserve um tempo para encontrar seu lugar pessoal de percepção.

Uma vez que os dois locais individuais de neurocepção e percepção estejam identificados, o próximo passo é conectá-los. Com um caminho entre a neurocepção e a percepção, as indicações de segurança e perigo que emergem podem viajar facilmente para sua consciência, e você também pode seguir suas ações, sentimentos e histórias de volta às suas origens autônomas. Conforme você imagina a rota da neurocepção para a consciência, pode ser útil colocar as mãos nos dois locais. O caminho que imaginar pode ser uma linha reta entre os dois pontos ou uma rota mais tortuosa. Seja qual for a forma que a conexão tome, sua qualidade essencial é dar suporte a uma transmissão de informações fácil e confiável. Meu caminho da neurocepção para a percepção é marcado por curvas e voltas em sua rota do centro do meu peito à minha testa. Gaste um tempo com isso até que o formato de sua rota fique claro.

Para praticar, primeiro pense em um comportamento sobre o qual você está curioso e imagine-o acontecendo. Transite da percepção para a neurocepção que está por baixo do comportamento. Siga o caminho que conecta seus dois pontos corporais que identificou. Conforme eu viajo na rota de circuitos da minha testa ao meu peito, sinto as curvas e reviravoltas. Quando você chegar ao local da neurocepção, passe um momento sentindo o gatilho de segurança ou de perigo. Faça o mesmo com algum sentimento pelo qual esteja interessado. E, finalmente, traga à mente uma história sobre si ou sobre o mundo sobre a qual você gostaria de aprender mais, e ative sua conexão de percepção. O que está por trás dessa história? E agora viaje pelo caminho na direção oposta. Entre em conexão com os primeiros sinais de uma sensação de segurança ou de perigo e veja aonde isso o leva. Siga o início de um gatilho corporal passar a um sentimento, a um pensamento, uma ação e, depois, a uma história.

Conforme você usa essa nova forma de se mover entre sistemas de informação, o caminho se torna mais forte. Para fortalecer a conexão, crie uma forma de sintonizar-se com seu interior e envolver-se intencionalmente. Experimente várias formas para ver o que funciona para si. Desenhe o caminho e trace-o com o dedo, enquanto se move entre essas duas formas de saber. Coloque a mão em seu corpo como um lembrete físico desse caminho interno. Mantenha a intenção de ativar o caminho em ambas as direções durante o desenrolar do dia. Planeje refletir no final do dia, e veja como a neurocepção o levou a um comportamento, sentimento ou história em particular. Pare quando notar o surgimento de um comportamento, sentimento ou história e siga o caminho da percepção para a neurocepção. Quais são as formas pelas quais você deseja estar presente nesse novo caminho?

Algumas respostas são o que chamo de "configurações de fábrica". Geralmente respondemos de formas semelhantes a certos sons. Com altas frequências, olhamos para a origem do som, percebendo-o como um chamado de socorro. Baixas frequências nos lembram de predadores e estimulam uma vontade de fugir. E sons na escala de uma voz humana nos convidam à segurança e à conexão. Outras dicas são moldadas por nossas histórias pessoais e podem ser semelhantes ou muito diferentes daquelas das pessoas ao nosso redor. Cresci com um pai que amava ouvir música clássica alto e, para mim, a sensação de estar cercada por música alta soa reguladora e conectadora. Para outras pessoas, música alta ativa uma neurocepção de perigo. Você provavelmente pode reconhecer uma deixa que provoca uma resposta muito diferente em si daquela que seus amigos sentem. Reserve um momento e identifique um gatilho que traga uma neurocepção de segurança para você, mas não para as pessoas ao seu redor. E agora faça o oposto, identifique algo que ativa uma neurocepção de perigo para si, enquanto que as pessoas ao seu redor acham que a mesma experiência cria uma neurocepção de segurança. Embora todos nós compartilhemos caminhos autônomos comuns entre segurança e perigo, cada um tem seus próprios padrões de resposta.

## Exploração:

## Conscientização da Neurocepção

### O Momento da Mudança

Por vezes, a neurocepção traz uma mudança dramática em nosso estado, e sentimos a intensidade tanto em nossos corpos quanto em nossas histórias. Explore isso pensando em um momento em que sentiu uma grande mudança de estado, que o tirou da segurança para o perigo. Talvez você tenha se assustado com um som e sentido seu corpo responder com medo, ou alguém se afastou de você e você se sentiu desligar. Ao refletir sobre a mudança da segurança para o perigo, tente identificar o momento em que sentiu a mudança em seu corpo e, em seguida, como sua história mudou. Então encontre um momento em que seu estado mudou para outra direção, do perigo de volta para a segurança. Talvez você tenha visto um rosto amigável ou ouvido um som familiar e sentiu um retorno da sensação de tranquilidade. Novamente, procure o momento em que aconteceu e veja como a história que acompanhou o processo começou a mudar.

Em outros momentos, temos uma experiência de mudança mais tênue. Sentimos uma mudança sutil na intensidade de um estado. Pode ser que você sinta a preocupação se transformar em ansiedade, a frustração em raiva ou a falta de foco levar ao desligamento. Quando estamos presentes a essas micromudanças, podemos ajustar nossa capacidade de rastrear as mudanças sutis que acontecem dentro dos estados. Sintonizá-las nos ajuda a entender como pequenas mudanças dentro de um estado podem, no fim das contas, levar a uma transição entre estados.

## Percebendo Indicações

Com essa conscientização inicial, vamos nos aprofundar em trazer percepção para a neurocepção. Pare por um momento e traga sua atenção para os três fluxos de neurocepção que estão em ação neste momento — corporal, ambiental e relacional. Use as seguintes perguntas para considerar as informações que sua neurocepção está absorvendo:

> Quais são as indicações de perigo neste momento em seu corpo? Comece com uma simples varredura corporal. Há alguma dor, tensão, desconforto ou dormência em seu corpo? Escute sua digestão, sua frequência cardíaca e sua respiração. Deixe seu corpo mostrar gatilhos de perigo.

Quais são as indicações de segurança neste momento em seu corpo? Ouça seu corpo. Encontre os lugares de tranquilidade, calor e flexibilidade. Sinta seus ritmos cardíaco e respiratório. Deixe seu corpo lhe mostrar pistas de segurança.

Quais são as indicações de perigo neste momento no ambiente imediato ao seu redor? Traga sua consciência para o espaço que você está habitando. Olhe em volta e veja o que é angustiante.

Mova sua consciência para o ambiente mais amplo. Ao olhar para além do seu espaço, para o mundo ao seu redor, o que lhe parece aflitivo?

Quais são as indicações de segurança no ambiente imediato ao seu redor neste momento? Traga sua consciência de volta ao espaço em que você está. Olhe ao redor e veja o que lhe traz alegria. Descubra o que o ajuda a ancorar na regulação.

E agora mova sua consciência para o ambiente maior. Olhando para além do seu espaço, para o mundo ao seu redor, o que você acha que lhe nutre e faz bem?

Quais são as pistas de perigo neste momento, em sua conexão com os outros? Procure sinais de alerta que seu sistema de envolvimento social está enviando ou recebendo dos olhos de alguém, de sua expressão facial, de seu tom de voz, da postura e de seus movimentos.

Quais são as indicações de segurança neste momento em sua conexão com os outros? Procure os sinais de boas-vindas que seu sistema de envolvimento social está enviando ou recebendo dos olhos de alguém, de sua expressão facial, do tom de voz, da postura e de seus movimentos.

Quando exploramos nossas experiências de neurocepção, é bom que permaneçamos curiosos a respeito do que encontrarmos. Uma resposta que parece desproporcional à situação do momento presente, uma reação muito grande ou muito restrita geralmente aponta para um gatilho familiar do passado que está sendo disparado no presente. Sentir uma raiva avassaladora com uma pequena interrupção enquanto está trabalhando ou se sentir anestesiado quando alguém lhe diz que aprecia algo que você fez podem ser indicações de uma experiência do passado ganhando vida no presente. Outras respostas parecem estar fundamentadas no presente e nos movem em direção ou para longe de pessoas, lugares ou coisas, não por causa de uma experiência passada, mas em resposta à nossa neurocepção do momento. Exemplos podem ser quando você recebe um e-mail de um amigo e sente o convite para se conectar, ou pensa em um grande projeto de trabalho e sente-se um pouco ansioso.

É importante saber se nossas respostas vêm do passado ou se estão fundamentadas no presente. Para fazer isso, podemos usar uma pergunta esclarecedora. Primeiro, traga a percepção para o momento presente. Quais pistas você está recebendo agora? Sua neurocepção é de segurança ou perigo? E agora faça a pergunta: "Neste momento, neste lugar, com esta pessoa ou estas pessoas, essa resposta (ou essa intensidade de resposta) é necessária?". Observe que perguntamos se a resposta é necessária, não se é apropriada. Categorias de apropriado ou não apropriado, bom e ruim, não se aplicam. O sistema nervoso autônomo não cria significado ou atribui motivação. Ele simplesmente recebe indicações e atua na resposta que considera necessária para garantir a sobrevivência. Se a resposta à pergunta esclarecedora for "sim", você provavelmente está ancorado no momento presente e sua resposta pode ser um guia útil na tomada de decisões. Se a resposta for "não", procure um gatilho familiar que tenha vindo do seu passado e aderido ao presente. Pense em outras vezes na sua vida em que se sentiu assim. Procure as indicações de perigo que são semelhantes entre o passado e o agora. Quando encontramos o fio que conecta as experiências, temos novas informações para nos ajudar a entender nossos padrões.

A segurança é essencial para a sobrevivência, mas para o nosso sistema nervoso, não estar em perigo não é o mesmo que estar seguro. Estar fora de perigo não garante que tenhamos uma neurocepção de segurança. Os sistemas que foram desenvolvidos para gerar segurança impactam como nos comunicamos e moldam as formas pelas quais criamos conexão. Procedimentos de segurança em escolas e triagens em aeroportos e estações de trem podem adicionar camadas de segurança concretamente, mas podem ser vistos como sinais de perigo pela nossa neurocepção. Em tempos de pandemia global, a desconexão criada pelas divisórias de acrílico para separar as pessoas, as regras de distanciamento social e o uso obrigatório de máscaras faciais podem ser necessários para nos ajudar a permanecer seguros, mas não geram necessariamente uma neurocepção de segurança.

Pense nos sistemas com os quais você interage regularmente. Quais são os sinais de segurança e perigo que sente ao navegar por esses sistemas? Você reconhecerá indicações de segurança nas formas como se sente vivo e ancorado na regulação e sinais de perigo nas formas como seus estados de sobrevivência simpático e dorsal são ativados. Traga percepção para essas experiências e veja aonde sua neurocepção o leva.

Para encontrar bem-estar, precisamos estar presentes aos sinais de perigo e de segurança. Precisamos reduzir ou resolver os sinais de perigo e vivenciar ativamente sinais de segurança. Um não nos traz bem-estar sem o outro. Para explorar isso, pense em uma experiência específica que pareça um pouco insegura ou contenha apenas uma pitada de dificuldade. Comece trazendo a percepção para a neurocepção e identifique os sinais específicos de perigo que sente. Use os três fluxos de neurocepção para procurar sinais dentro do seu corpo, fora do ambiente e entre você e os outros. Ao identificar um sinal de perigo, considere formas pelas quais possa reduzi-lo ou se há uma forma de resolvê-lo. O que é possível? As experiências geralmente incluem mais de um sinal de perigo. Pare e explore cada um que encontrar.

E agora preste atenção às indicações de segurança. Reserve um tempo para ver quais indicações de segurança corporais, ambientais e relacionais estão presentes na experiência. Nós, humanos, fomos construídos com um viés de negatividade para ajudar a garantir nossa sobrevivência. Por causa disso, permanecemos atentos a sinais de perigo e muitas vezes perdemos as indicações de segurança. Reveja a experiência e veja se há alguma dica de segurança que você possa não ter reconhecido. Em seguida, use sua curiosidade para explorar quais sinais de segurança podem ser incorporados.

A consciência é o ingrediente ativo necessário para se trabalhar com a neurocepção. Para se envolver com seu sistema de vigilância interno e aprender a usá-lo com sabedoria, traga consciência aos sinais de perigo e mantenha a intenção de se conectar com indicações de segurança. Com atenção e consciência, podemos explorar com curiosidade e criar as condições necessárias para gerar uma sensação incorporada de segurança em nossas experiências de vida diárias.

# 6

# Padrões de Conexão e Proteção

A vida é um padrão de energias.

BAKER BROWNELL,
*THE NEW UNIVERSE*

Nossos padrões autônomos são moldados pelos ambientes que habitamos e pelas pessoas com quem nos relacionamos. Indicações de segurança aprofundam nosso sentimento de conexão, enquanto sinais de perigo nos afastam do sentimento de ancoragem em nossas vidas. O sistema nervoso pega esses sinais e constrói os caminhos de conexão e proteção que percorremos na vida diária. Embora o sistema nervoso seja moldado por nossas experiências passadas, ele nunca para de receber sinais e atualizar os caminhos. À medida que aprendemos a atuar no mundo e com nossas respostas habituais, começamos a conhecer as formas pelas quais nossos padrões de conexão e proteção permanecem quietos ou ganham vida.

O sistema nervoso usa caminhos de conexão e proteção para nos ajudar a sobreviver a momentos traumáticos e a navegar pelos desafios comuns da vida diária. A miríade de momentos que vivenciamos, desde aqueles amorosos e cheios de alegria até os assustadores e dolorosos, são entrelaçados e criam um desenho específico. Dependendo de nossas histórias pessoais, construímos padrões mais fortes de conexão ou padrões mais fortes de proteção. A boa notícia é que, não importa como o sistema nervoso tenha sido moldado, a capacidade de sair da proteção e retornar à conexão está embutida em nossa biologia.

No topo da hierarquia, ancorado na segurança e na regulação, está o lugar onde encontramos bem-estar físico e psicológico e vivenciamos saúde, crescimento e restauração. Eu o chamo de nosso lar autônomo. Recorde-se de sua exploração no capítulo 2 e revise como era a paisagem para seu lar no estado ventral. A conexão nos leva para casa, e a proteção nos leva para um lar longe de casa com a mobilização simpática ou o desligamento dorsal. Enquanto entramos e saímos de ambos os estados de sobrevivência, com a ativação repetida, nós criamos nosso perfil de proteção. Com o tempo, nossa resposta habitual de sobrevivência se inclina mais para a mobilização e luta e fuga, ou para a desconexão e o desligamento. Então, quando um padrão de proteção é necessário, somos facilmente transportados para este lar longe de casa.

## Exploração:

## Encontrando Seu Lar Longe de Casa

Meu lar longe de casa está enraizado na desconexão dorsal. Quando sinto muitos sinais de perigo, internamente dou um passo para trás. Não é uma resposta tão intensa quanto costumava ser e, muitas vezes, passa despercebida pelas pessoas ao meu redor, mas, nesse momento, não consigo mais me conectar totalmente e sinto essa perda. Pare um momento e pense em como você transita pelo mundo. Onde é seu lar longe de casa? Quando sai da conexão e é puxado para um padrão de proteção, onde você geralmente vai parar? Você enfrenta os sinais de perigo com a carga intensa do seu sistema de ação simpática, ou é resgatado ao desaparecer no desligamento dorsal? Ao encontrar seu lar longe de casa, traga curiosidade para observar as formas como sua resposta de sobrevivência está trabalhando para protegê-lo. Pergunte a si mesmo, se não estivesse sob a proteção de seu lar longe de casa, o que poderia estar acontecendo? Você pode explorar suas histórias com frases com "se-então". Por exemplo, "Se eu não estivesse me sentindo tão ansioso ou com raiva agora, então eu iria ____________________", ou, "Se eu começar a ser visto e me conectar com o mundo, então ______________". Escreva suas próprias frases com "se-então" e passe a saber como seu sistema nervoso está trabalhando para protegê-lo.

Entender a biologia da conexão e da proteção nos traz esperança. Nossas primeiras experiências moldaram nossos sistemas, e nossas vivências continuam a moldá-los. Quando identificamos o que nos move para a proteção, podemos explorar formas de reduzir essas experiências e criar mais momentos de conexão. E quando descobrimos as experiências dos dias presentes que moldam nosso sistema para a conexão, podemos nos envolver com elas com mais frequência e aprofundar esse padrão.

Sempre que pensamos em padrões de proteção e falamos sobre respostas de sobrevivência, é importante que adicionemos a palavra adaptativo. Por mais loucos, incongruentes ou inexplicáveis que nossos pensamentos, sentimentos ou ações possam parecer, precisamos lembrar que o sistema nervoso autônomo está sempre trabalhando para garantir nossa sobrevivência. Embora muitas vezes não faça sentido cognitivo, o sistema nervoso sente uma necessidade e toma uma atitude. É olhando através dessa lente para nossas próprias respostas e para as respostas das pessoas ao nosso redor que somos capazes de evitar nos tornarmos críticos e de permanecermos curiosos. Assim, a curiosidade abre a porta para a compaixão e a autocompaixão.

Pense em um momento em que você passou a uma resposta adaptativa de sobrevivência, um momento de proteção que o levou à mobilização ou ao desligamento. De um lugar de curiosidade, gaste um momento explorando a resposta adaptativa de sobrevivência. O que seu sistema nervoso sentiu? Como a resposta de sobrevivência o protegeu? Agora, lembre-se de um momento em que alguém próximo a você passou para a resposta adaptativa de sobrevivência dele ou dela. Deixe sua curiosidade se deitar sobre o que estava acontecendo com a pessoa.

Olhar para as respostas adaptativas de sobrevivência com curiosidade, sejam as nossas ou de outra pessoa, pode ser desafiador. Quando estamos aprendendo a olhar através das lentes do sistema nervoso, é fácil sair da curiosidade para o autojulgamento e a autocrítica. Descobri que uma forma fácil de injetar um pouco de autocompaixão na situação é adicionar uma das minhas palavras favoritas: *ainda*. *Ainda* contém um sentimento de mudança e uma sensação de possibilidade. "Não consigo agir com curiosidade sobre a história que estou contando a mim mesma ainda." "Ainda não sou capaz de olhar para outras pessoas sem julgar seus comportamentos." Faça uma declaração, adicione *ainda* ao final da frase e veja o que acontece.

Quando vemos que histórias e ações são baseadas na biologia, lembramos que o que rotulamos como motivação é simplesmente uma intenção autônoma de sobrevivência. Nós, humanos, criamos significado moral e atribuímos intenção, mas o sistema nervoso autônomo não pensa em termos de bom ou ruim, ele simplesmente age a serviço da sobrevivência. É uma experiência diferente quando você reconhece que o amigo que acabou de parar de te ouvir ainda queira estar em conexão, mas a biologia dele está tornando impossível que ele permaneça presente e o ouça. Ou então, quando seu filho não está ouvindo, não é porque ele o está desafiando, mas porque ele é incapaz de se regular. Quando nos lembramos de olhar para além dos comportamentos e enxergar o estado, é mais fácil permanecer ancorado na regulação, não responder a partir do nosso próprio padrão de proteção e nos expor para oferecer conexão.

Traga à mente uma pessoa com quem você se importa e que esteja passando por um momento difícil. Olhe para ela através do prisma do sistema nervoso dela. O que você vê? Para onde o sistema nervoso dela a levou? Como isso influencia o que você quer fazer? E agora pense em uma pessoa com quem você precisa se esforçar para se conectar. Deixe de lado a história que você criou e olhe através das lentes do sistema nervoso. Em que estado você imagina que ela está sendo mantida? Isso ajuda você a sentir um pouco de curiosidade ou compaixão?

Nós rotulamos as pessoas de muitas formas. Dizemos que elas não se importam, que não estão se esforçando, que não querem mudar ou que são preguiçosas, irresponsáveis, sempre bravas ou não confiáveis. E se, em vez de usar esses rótulos, pensássemos nessas pessoas como sendo desreguladas? Comportamentos fazem sentido quando olhamos para eles através do estado autônomo. Quando alguém é puxado para a energia mobilizadora de luta e fuga simpática, ou fica preso no desligamento dorsal, sua biologia não o apoia a entrar em conexão e corregulação ou usar estratégias saudáveis de autorregulação. Quando reconhecemos uma resposta adaptativa de sobrevivência, nossa ou de outra pessoa, em vez de enxergar uma história sobre motivos e significados, podemos escutar a história de uma neurocepção de perigo e um sistema nervoso autônomo que esteja reagindo a uma necessidade de proteção.

## Uma Equação Conexão/Proteção

Eu uso uma equação simples para pensar sobre o trânsito entre conexão e proteção. Quando as dicas de segurança superam as dicas de perigo, nós nos movemos para nos conectar, e quando as dicas de perigo superam as dicas de segurança, tomamos ações para nos proteger. Por vezes, isso é sentido por uma quantidade de gatilhos. Simplesmente, haverá mais indicações de segurança ou de perigo. Outras vezes, a intensidade de um gatilho específico pode neutralizar vários outros. A sugestão de segurança de alguém lhe enviando um sorriso pode superar o fato de você estar em um ambiente com várias sugestões de perigo. Como o sistema nervoso está continuamente recebendo sugestões, a equação segurança/perigo está sempre mudando. À medida que o número de indicações ou a força delas muda, a equação se altera, afetando nossos corpos, comportamentos e histórias. Quando o lado da conexão é maior do que o lado da proteção, ficamos ancorados na segurança e na regulação, prontos para nos abrirmos e para explorar. Nossas histórias são de esperança e possibilidade. Quando o lado da proteção é maior do que o lado da conexão, estamos altamente mobilizados ou sendo puxados para o colapso. Perdemos nossa curiosidade e vemos o mundo como um lugar arriscado. Nossas histórias refletem o perigo ou o desinteresse que sentimos.

Reserve um momento para experimentar sua equação pessoal de conexão/proteção. Sinta como é para si quando as sugestões de segurança superam as sugestões de perigo. Comece observando o que acontece em seu corpo. Em seguida, observe alguns de seus sentimentos. E, finalmente, traga consciência para a história que surge.

Agora, sinta o que acontece quando a balança começa a pender para o outro lado, e os gatilhos de perigo se somam e começam a prevalecer sobre os sinais de segurança. Sinta o que acontece quando você começa a se mover para a mobilização ou é puxado para o desligamento. Comece com seu corpo e observe a resposta, depois veja quais sentimentos você encontra e, finalmente, ouça as histórias que surgem.

## Exploração:
## Conectando-se com Gatilhos e Indicações

À medida que começamos a entender esses ingredientes básicos, podemos passar para a próxima etapa e identificar os gatilhos de segurança e perigo que mudam a equação. O objetivo é identificar claramente os sinais que nos puxam para algo, para alguém ou algum lugar, convidando à conexão, e as pistas que nos empurram para longe, ativando a proteção. Precisamos chamar a atenção para os gatilhos que estão em segundo plano, escondidos da consciência, onde impactam poderosamente nossa capacidade de conexão.

Permanecer na curiosidade e longe da autocrítica é a chave para essa exploração. Precisamos de uma âncora na regulação para sermos curiosos e não críticos. Você pode se conectar colocando sua mão no lugar em seu corpo onde descobriu que seu sistema vagal ventral ganha vida, voltando à sua paisagem do estado ventral ou movendo-se para um lugar real em seu ambiente que o ajude a entrar nesse estado.

### Sentindo os Gatilhos

Comece explorando a forma como você sente os gatilhos. Como você sabe quando sua neurocepção é de segurança? Pense em uma experiência que lhe traga o desejo de se aproximar, de se envolver e conectar-se. O que acontece em seu corpo? Quais são seus sentimentos? O que você quer fazer aqui? E qual é a história que você ouve? Quando minha neurocepção é de segurança, meu corpo assume uma sensação de estar aberto. O mundo me interessa, e estou pronta para me envolver com ele e explorá-lo. Minhas histórias são cheias de possibilidades e opções.

Em seguida, explore uma experiência que o encha de raiva ou ansiedade e faz você querer brigar ou fugir. Passe a conhecer melhor essas indicações de perigo. O que acontece em seu corpo? Quais são seus sentimentos? O que você tem vontade de fazer aqui? E qual é a história que você ouve? Com essa percepção de perigo, meu corpo fica tenso, fico cheia de preocupação e tenho uma necessidade implacável de gerenciar as pessoas e coisas em meu mundo. Minhas histórias agora são de alguém preso em um mundo caótico.

E, finalmente, explore uma experiência que o sobrecarrega e traz a necessidade de se desconectar e desligar. O que acontece em seu corpo agora? O que você está sentindo? O que você deseja fazer? E qual é a história que você ouve? Quando sinto um puxão para o desligamento, a energia se esvai do meu corpo e começo a perder a esperança. Minha história é de desistir e acreditar que não vale a pena tentar e que nada vai mudar.

## Recebendo os Gatilhos

Agora que sabemos mais sobre como sentimos os gatilhos, o próximo passo é identificar quando os sentimos. Você consegue perceber o momento em que sente uma indicação de segurança ou perigo? Que sinal seu sistema nervoso envia para você de que um gatilho surgiu? Vamos começar na parte inferior da hierarquia. Pense em uma interação recente e procure o momento em que um sinal de perigo apareceu e você foi puxado para o desligamento. Identifique as maneiras pelas quais seu sistema nervoso envia essas informações. Talvez você sinta algo acontecendo em seu corpo. Talvez um movimento surja, você ouça palavras ou uma imagem apareça. Suba um degrau na hierarquia e faça o mesmo para uma interação recente que o levou a lutar ou fugir. Identifique as maneiras pelas quais seu sistema nervoso lhe envia essas informações. E, finalmente, termine no topo da hierarquia e reflita sobre uma interação recente com um gatilho de segurança e as mensagens que seu sistema nervoso enviou. Use seu diário para registrar o que você descobriu sobre as maneiras pelas quais você sente sinais de segurança e perigo chegando ao seu sistema.

## Entendendo Gatilhos e Indicações

Com a capacidade de sintonizar as experiências que fluem da neurocepção e identificar como e quando recebemos gatilhos e sinais, podemos agora considerar quais são eles. Retorne às interações que você acabou de usar para identificar sinais de perigo e segurança e comece a olhar para os gatilhos específicos com os quais você entrou em conexão. Comece com as indicações de perigo que o levaram ao desligamento. O que existe na experiência que traz esse movimento para a proteção? Há algum som? A experiência tem algo em particular que você vê, o tom de uma voz ou um olhar no rosto de alguém?

Conforme você segue para a proteção, quais são as palavras que você ouve? Surge alguma crença? Pare aqui e reserve um tempo para registrar o que você descobriu.

Em seguida, retorne à outra experiência de perigo e explore os sinais que trazem o movimento para a mobilização e a energia de lutar ou fugir. Novamente, procure um som, algo em particular que você veja, o tom de alguma voz, um olhar no rosto de alguém, palavras que você ouça ou uma crença que possa surgir. Anote os gatilhos específicos que o levam a esse estado de proteção.

Agora, volte-se para a experiência que foi ativada por indicações de segurança. O que há na experiência que traz um movimento para a conexão? Há algo no ambiente? Ou com outra pessoa? Conforme você se move para a conexão, quais palavras você ouve? Alguma crença emerge aqui? Novamente, pare e documente o que você descobriu.

## Encontrando Padrões

À medida que exploramos o que nos move para a proteção ou conexão, começamos a procurar padrões. Existem certos tons de voz ou expressões faciais ou palavras que nos convidam à conexão ou ativam um modo de proteção? Para a maioria das pessoas, um rosto com um sorriso traz um padrão de conexão, e um rosto sem expressão ativa gera um padrão de proteção. E que sons geram os padrões? O som do mar automaticamente me leva à conexão, enquanto o som de muitas pessoas falando ativa em mim um movimento em direção à proteção. E quanto ao ambiente? Para mim, uma paisagem de praia me convida à conexão, enquanto uma paisagem urbana me leva à proteção.

Leve sua atenção para pessoas e animais de estimação. Existem certas pessoas em nossas vidas que trazem sinais de segurança, enquanto outras ativam gatilhos de perigo. Combinações de pessoas geralmente fazem o mesmo. Grandes grupos de pessoas tendem a ativar meu padrão de proteção, enquanto grupos de três ou quatro oferecem um convite seguro para conexão. Foi demonstrado que animais de estimação previsivelmente trazem padrões vivos de conexão; então, se as pessoas são sinais de perigo para você, um animal de estimação pode trazer uma sensação segura de conexão de mamífero para mamífero. Reserve um tempo para explorar suas respostas. À medida que conhecemos nossos padrões particulares, que conhecemos os elementos que nos movem para perto e para longe, podemos usar essas informações para criar uma equação na qual os sinais de segurança superem os sinais de perigo.

## Construindo um Sistema Flexível

Sabemos que o bem-estar é um resultado de um sistema nervoso autônomo flexível. Todos nós, às vezes, seremos puxados para padrões de proteção e lutaremos para encontrar o caminho de volta à conexão. Mas, à medida que aumentamos nossa capacidade de nos mover entre padrões de proteção e padrões de conexão e não ficarmos presos na

A resiliência é o resultado de um sistema nervoso que passa de padrões de conexão para proteção, e depois retorna para a conexão com certa facilidade.

proteção, construímos flexibilidade. A flexibilidade está ligada à resiliência. A resiliência é o resultado de um sistema nervoso que passa de padrões de conexão para proteção, e depois retorna para a conexão com certa facilidade. Uma maneira de medir nosso nível de resiliência é rastrear com que frequência somos puxados para a proteção, quanto tempo ficamos lá e com que facilidade conseguimos encontrar o caminho de volta à conexão.

## Exploração:
## Liberando-se

### Escute

Primeiro, encontre sua âncora na segurança e, em seguida, defina a intenção de explorar uma experiência de estar preso em um estado de sobrevivência. Pense em uma situação que ativou uma de suas respostas de sobrevivência. Veja onde você está preso, incapaz de sair de um lugar de mobilização ou desligamento, mesmo que você queira. Ouça a história que você está contando a si mesmo. Lembre-se de que as informações estão viajando pelos caminhos entre o corpo e o cérebro. É função do seu cérebro dar sentido ao que está acontecendo em seu corpo; então, o cérebro cria uma história cheia de motivos e significados. A história geralmente envolve culpa, crítica e julgamento, seja de nós mesmos ou dos outros. Conforme você explora, lembre-se de apenas escutar. Esta é uma etapa de coleta de informações, não um momento para fazer mudanças.

### Seja Curioso

Agora que você ouviu a história do cérebro, volte-se para sua história autônoma. Para fazer isso, primeiro observe o estado de sobrevivência e depois o nomeie. Quando você observa pelo prisma do seu sistema nervoso, onde você está? Mobilizado, desligado? Lembre-se de que essa resposta é ativada porque a equação de conexão/proteção está desequilibrada. Sua biologia está reagindo a uma neurocepção de perigo. Lembrar disso e nomear sua experiência dessa forma inicia o processo de abandonar o julgamento e o ato de culpar-se e abrir espaço para a curiosidade. Conforme você se volta para seu estado, ouça a história que seu sistema nervoso conta. Procure as maneiras pelas quais essa história é semelhante ou diferente daquela que seu cérebro cria.

### Altere a Equação

Sabemos que somos levados da conexão para a proteção quando as indicações de perigo superam as indicações de segurança. Direcione sua atenção para identificar os gatilhos de perigo. Você pode reduzir ou resolver algum deles? Em seguida, explore adicionar indicações de segurança à equação. O que você pode trazer para essa experiência? Brinque com isso até encontrar a combinação de indicações que comece a afastar seu sistema do padrão de proteção e levá-lo de volta a um estado de conexão, de volta à segurança suficiente para você se liberar da situação.

### Veja o Que Surge

Uma qualidade emergente de se estar ancorado na segurança e na regulação é a capacidade de seguir em frente, encontrar opções e resolver problemas criativamente. O que acontece quando você muda o equilíbrio em sua equação? O que muda quando as indicações de segurança começam a superar as indicações de perigo? Leve sua curiosidade à sua mudança de estado e às histórias autônomas e cognitivas que acompanham essa mudança.

## Transitando entre Estados

Às vezes, nossos estados funcionam em harmonia. Quando nosso estado ventral mantém o espaço para nossos estados simpático e dorsal desempenharem seus papéis importantes, o caminho entre eles é fácil de percorrer, e a experiência é de bem-estar. Em outros momentos, nossos estados simpáticos ou dorsais assumem o controle, e o caminho se torna mais desafiador. A meditação a seguir, que apresentei pela primeira vez em meu livro *The Polyvagal Theory in Therapy*, é uma forma de começar a conhecer seus caminhos de conexão e proteção.

Assim como a âncora mantém um navio em segurança, você pode se ancorar em seu estado vagal ventral. Sinta-se enraizado na energia de segurança que este sistema oferece. Sua respiração é completa, e cada expiração o move pelo caminho que dá base à segurança e à conexão. Há um ritmo em sua frequência cardíaca e essa batida traz bem-estar. Você permanece no caminho de segurança autônomo — seu circuito corpo-cérebro envia mensagens de estabilidade, e o circuito de retorno cérebro-corpo cria uma história de segurança. A partir dessa base de segurança, com a percepção de sua âncora firmemente plantada em seu sistema vagal ventral, você pode começar a jornada para explorar suas respostas vagais simpáticas e dorsais.

Primeiro, alcance a energia mobilizada do sistema nervoso simpático. Sinta sua respiração mudar e sua frequência cardíaca acelerar. Pode ser que você queira se mover, e seus pensamentos podem começar a rodopiar. Imagine o mar simpático e a energia que se move ali, mobilizando seu sistema em direção à ação. Talvez você possa sentir o vento soprando, perturbando o mar, e sentir as vagas passando e as ondas quebrando. Observe que você pode navegar com segurança nesta tempestade simpática; você está amarrado ao seu circuito de segurança. Lembre-se de que sua âncora está profundamente enterrada no solo firme da regulação vagal ventral.

Retorne ao local onde você lançou sua âncora pela primeira vez. Sinta as energias reguladoras de respiração e frequência cardíaca, sinta o fluxo de calor em seu peito e sinta o chão firme abaixo de si. Seu sistema vagal ventral está lhe enviando sinais de segurança.

E agora, comece a descida para o estado vagal dorsal, suavemente. Este não é o mergulho dorsal que pode tirá-lo da consciência do tempo presente e lançá-lo no entorpecimento. É apenas um mergulho experimental com a ponta do pé na sensação de desconexão. Pode ser que a energia comece a esvair do seu corpo e que tudo comece a desacelerar. Pode ser que você sinta limitações quanto à sua mobilidade. Administre essa experiência trazendo uma lembrança ativa de sua conexão com seu estado vagal ventral, o lugar onde você colocou sua âncora primeiro. Sinta essas energias reguladoras controlando a profundidade e a velocidade de sua descida vagal dorsal. Você está se movendo ao longo de uma encosta, e não despencando em queda livre no espaço. Sua âncora está firme, segurando seu lugar na regulação vagal ventral e permitindo que você explore a experiência vagal dorsal com segurança.

E agora volte mais uma vez para onde você começou, na regulação vagal ventral; retorne para o ponto onde você lançou sua âncora. Saboreie as maneiras pelas quais você pode fazer as pazes com seu sistema nervoso simpático e com as respostas vagais dorsais quando você é guiado por seu circuito de segurança autônomo.

## Exploração:
## Viajando por Caminhos Regulados

Depois de usar a meditação anterior como um guia inicial para transitarmos por entre estados, agora podemos explorar os caminhos que nos ajudam a nos mover entre esses estados com segurança e facilidade. Comece imaginando a rota que você segue quando seus três estados estão conectados e trabalhando juntos. O estado ventral está regulando seu sistema enquanto os estados simpático e dorsal trabalham em segundo plano. O sistema simpático traz a energia necessária para você se mover durante o dia, e o sistema dorsal regula sua digestão, trazendo nutrientes para nutri-lo. Este é o estado de homeostase saudável, o lugar de bem-estar. Você está ancorado na regulação, transitando com uma percepção de segurança. Você pode ver um caminho de verdade para seguir, uma corda na qual pode se segurar ou uma escada para subir.

Talvez você pegue um elevador ou siga por um facho de luz. Gaste um tempo para encontrar sua rota pessoal única entre os estados.

Agora experimente viajar por esse seu caminho pessoal. Imagine-se transitando entre os estados, indo do ventral para o simpático, em seguida para o dorsal e depois de volta através do simpático, até o ventral novamente. Observe como seu caminho o apoia na movimentação entre os estados com flexibilidade e facilidade. Mude sua imagem na forma que precisar para se sentir totalmente seguro e apoiado. Reserve um tempo e registre o caminho regulado que o leva com segurança pela lenta nutrição dorsal, através da excitação do simpático e pelo fluxo da conexão ventral. Muitas pessoas acham que alguma forma de ilustração ou uma combinação de arte e palavras é útil para registrarmos esses caminhos.

## Exploração:
## Navegando pelos Caminhos de Proteção

Com a experiência de se mover por um sistema regulado usando sua imagem de caminho, podemos começar a explorar como viajar com segurança entre estados quando somos desafiados pela energia simpática e pela proteção dorsal. Primeiro, vamos explorar o caminho para baixo, distanciando da conexão, e descobrir o que o impede de entrar em queda livre para o estado simpático e, depois, despencar para o dorsal. Como você desacelera a descida? Você pode usar seu caminho de regulação e adicionar detalhes para proteger sua jornada. Pode ser que você queira alguns pontos de descanso ao longo do caminho, uma grade de proteção ou apoios, mais pontos de parada em um elevador ou mais tons de cor em um feixe de luz. Por vezes o caminho que se trilha através da proteção é totalmente diferente do caminho que atravessa a regulação. Sua trilha de caminhada suave pode se transformar em um penhasco para escalar. Volte-se para dentro, gaste um tempo se ouvindo e deixe seu sistema nervoso lhe mostrar o caminho que o leva para baixo, para longe da conexão, e os elementos que o ajudam a fazer essa jornada com segurança.

Depois de explorar a forma de regular o movimento de afastamento da conexão através dos dois estados de proteção, vamos agora olhar para a mecânica de se percorrer o caminho ao contrário. Sair da imobilização dorsal para se conectar com um pouco da energia mobilizadora simpática é algo desafiador de se fazer por conta própria. Muitas vezes, precisamos de ajuda com esse movimento inicial para cima. Talvez surja um botão que você aperte para começar a subida, um fluxo de luz que o ajude a começar a se elevar ou uma mão que se estende para o ajudar. Gaste todo tempo que precisar para deixar seu sistema nervoso lhe enviar essa imagem.

Para continuar a jornada para cima até a conexão ventral, precisamos nos conectar com a energia mobilizadora de forma organizada. Sem uma maneira de nos conectarmos com segurança com a energia, ficaremos presos ali ou tomaremos o caminho de volta para o estado dorsal. O que é necessário aqui para lhe apoiar no uso dessa energia como um recurso para mantê-lo na ascensão para a regulação ventral? Pode ser uma continuação do elemento que iniciou a subida do estado dorsal, ou pode ser algo novo. Encontre o elemento que o mantenha em movimento e ajude-o a permanecer no caminho certo.

Agora que você descobriu os elementos essenciais de suas rotas para sair da segurança e entrar no estado de sobrevivência e depois voltar para a segurança, vá em frente e siga o caminho de volta e para baixo. Faça uso desses caminhos, sinta-se confortável com a forma como eles funcionam e confiante na sua capacidade de percorrê-los. A cada vez que você fizer isso, você fortalecerá sua capacidade de passar da conexão para a proteção e vice-versa. Esses são os caminhos que o ajudam a gerenciar sua saída da conexão para a proteção e guiam-no de volta para casa, para a segurança e regulação e para as possibilidades que vêm de se estar ancorado no estado ventral. Dedique um tempo para registrar o que você descobriu.

## Exploração:

## Apreciando Nosso Lar Longe de Casa

Quando trabalhamos com nossos padrões de proteção de uma âncora na regulação, podemos entender e apreciar as maneiras pelas quais nosso sistema nervoso autônomo age a serviço de nossa sobrevivência. Para explorar com segurança seu lar longe de casa, o lugar onde seu sistema nervoso autônomo aprendeu a levá-lo quando você precisa de proteção, comece primeiro se ancorando no estado ventral. É aqui que você se sente seguro, seu sistema é regulado e seus padrões de conexão são encontrados. Experimente colocar uma mão em seu corpo, no local onde você sente a energia de sua casa ventral. Acomode-se aqui por um momento e sinta a segurança e a regulação que estão presentes.

E agora deixe seu sistema mostrar a você sua casa longe de casa, o lugar para onde você se dirige para encontrar proteção quando a segurança da conexão é perdida. Lembre-se, você ainda está seguro em seu lar ventral; você está partindo para uma jornada enquanto permanece ancorado com segurança ali. Você traz gratidão pelas maneiras pelas quais este lar longe de casa o abrigou, juntamente com curiosidade e desejo de aprender mais sobre este lugar.

Envolva-se com este lugar que o resgatou quando o mundo parecia perigoso demais e convide-o para lhe mostrar as maneiras pelas quais ele trabalha a serviço de sua sobrevivência. Traga informações por meio de imagens e palavras. Apenas ouça e absorva, sem pensar que você precisa mudar alguma coisa. Fique aberto para aprender, ouvir, entender as intenções protetoras deste lugar.

Tire um momento para enviar uma mensagem de gratidão a este estado, esta casa longe de casa que tem sido uma parte tão importante de sua vida. Você conhece este lugar agora de uma nova maneira, pode viajar para cá novamente quando quiser, e pode confiar que seu lar longe de casa será acolhedor nos momentos em que seu sistema buscar proteção. Agora, retorne ao tempo presente. Volte a este tempo e a este lugar. Passe um momento refletindo sobre a jornada que você acabou de percorrer. Documente o que você descobriu e deseja lembrar depois.

Agora que chegamos ao final deste capítulo, quero refletir sobre as maneiras pelas quais todos nós, às vezes, somos tirados da conexão para a proteção em nossas vidas. Encontramos experiências que são demais para nossa capacidade de permanecer ancorados na segurança e conexão ventral, e nossos velhos e familiares padrões de lutar e fugir simpáticos ou o colapso dorsal vêm nos resgatar. Às vezes é um evento passageiro que desencadeia um momento de proteção; em outras, nós nos vemos em situações com o potencial contínuo de nos tirar da conexão e levar-nos para a proteção. Nenhum de nós consegue permanecer engajado com o mundo e as pessoas ao nosso redor através de nossos padrões de conexão permanentemente. É uma expectativa irracional e inatingível nossa e dos outros. Na verdade, é a nossa capacidade de reconhecer quando passamos a um lugar de proteção e encontramos nosso caminho de volta para a conexão que é a marca registrada da resiliência.

Somos obras ainda em produção, e nossos sistemas nervosos autônomos estão ouvindo e aprendendo a cada instante. Nossa capacidade de nos conectarmos com consciência às nossas experiências autônomas naturalmente aumenta e reduz. Meu trabalho, e seu trabalho, é perceber a mudança para a proteção, trazer consciência a ela, ficar fora do autojulgamento e trazer alguma autocompaixão para que possamos retornar à nossa âncora na segurança e na conexão. Há dias em que encontrar meus meios para sair da proteção parece algo além do meu alcance e, em outros, sou capaz de facilmente encontrar meu caminho de volta à minha âncora na conexão. Meu convite para você agora é observar seus padrões, trazer autocompaixão às suas experiências de proteção e aproveitar seus momentos de conexão.

# 7

# Ancoragem na Segurança

> No meio do inverno, finalmente descobri que em mim havia um verão invencível.
>
> ALBERT CAMUS

Penso em nosso estado vagal ventral de regulação como o verão invencível do sistema nervoso autônomo. É um recurso biológico embutido que está sempre presente em nós, disponível ali para nos guiar em direção ao bem-estar. Embora as circunstâncias possam nos fazer sentir desconectados desse recurso, todos nós temos um estado vagal ventral com o qual podemos nos reconectar e que podemos usar para ancorar na segurança.

No topo da hierarquia, o estado vagal ventral é o ingrediente essencial para o nosso bem-estar. Embora um estado autônomo não seja melhor do que outro, e cada um tenha um papel cotidiano não reativo junto ao seu papel para a sobrevivência, é com a energia do vagal ventral que precisamos estar em conexão ativa para nos sentirmos seguros e nos envolvermos com o mundo. Quando nosso estado vagal ventral está ativado e supervisionando o sistema, nossos estados vagais simpáticos e dorsais trabalham em segundo plano, ajudando-nos a permanecer física e psicologicamente saudáveis. Quando o estado ventral não está mais no comando, perdemos sua influência reguladora. Vivenciamos desafios de saúde, sentimos angústia nos relacionamentos e temos dificuldade em navegar por nossas vidas diárias. Sem nossa âncora no sistema ventral, ficamos perdidos e confusos num mar bravio.

Estejamos nós totalmente ancorados no estado vagal ventral, ou apenas mantendo a pontinha do pé lá, quando sentimos o suficiente dessa energia de segurança, temos acesso aos nossos quatro caminhos de conexão e somos capazes de enfrentar os desafios do nosso dia. Em vez de pensar que é necessário estarmos totalmente imersos nesse estado, podemos considerar termos uma massa crítica do estado ventral. Precisamos de uma conexão com o ventral apenas suficiente para colocarmos o sistema online e mantê-lo operacional.

Há momentos em que me sinto em perigo de me sobrecarregar com as demandas do meu dia. Quando isso acontece, lembro a mim mesma que, apesar de eu poder não me sentir profundamente enraizada na regulação, posso manter energia ventral suficiente para permanecer organizada e engajada e conseguir atravessar o dia. Eu me imagino tentando alcançar a conexão ventral. Às vezes, uso minha imagem buscando alcançar a energia ventral, e outras vezes, estico meu braço, de verdade, acima da minha cabeça, e tento alcançar alguma energia reguladora. Então, começo a ouvir a história ventral que me assegura que, de fato, há energia reguladora disponível suficiente em meu sistema, e que posso permanecer em conexão com ela. Qual é a sua imagem de conexão com a energia ventral suficiente para você dar conta do seu dia? Experimente visualizar a imagem em sua imaginação e trazê-la à vida por meio de alguma ação.

## Círculos Concêntricos

Uma maneira de explorar as energias e ações do sistema nervoso é por meio da imagem de três círculos.

Imagine o sistema vagal dorsal como o primeiro círculo central. É aqui que a história do sistema nervoso autônomo começa, tanto na história evolutiva dos seres humanos quanto em nosso desenvolvimento dentro do útero. Este círculo central está contido num círculo maior, representando o sistema simpático, e esses dois círculos estão dentro de um círculo externo representando nosso sistema vagal ventral. Este círculo externo é o último a ficar online; desenvolve-se no terceiro trimestre da gravidez (cerca de trinta semanas) e continua a se desenvolver durante os dois primeiros anos de vida.

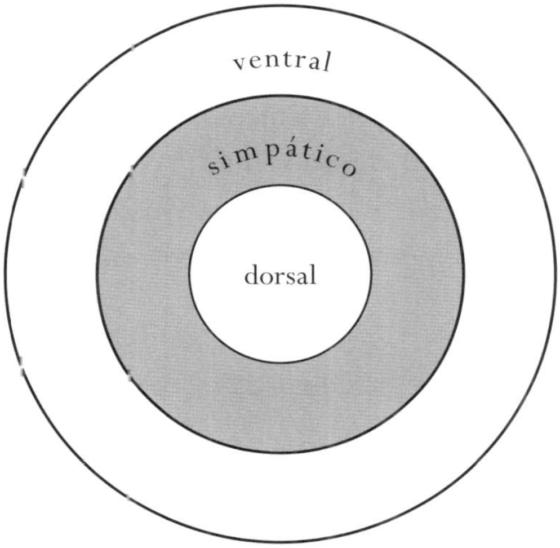


**Imagem 7.1** Três círculos do sistema nervoso autônomo

A metáfora que uso é do sistema vagal ventral circundando os sistemas vagal simpático e dorsal, segurando ambos em um abraço caloroso. Quando quero estender a energia vagal ventral a alguém, geralmente abro meus braços como se estivesse oferecendo um abraço e deixo a pessoa saber que estou enviando a ela minha energia vagal ventral. Faço isso com clientes, com colegas e em meus treinamentos, e isso se tornou um gesto resumido que uso para deixar as pessoas saberem que as estou mantendo na segurança e regulação da minha energia vagal ventral; estou oferecendo a elas um abraço vagal ventral. Ao ler estas palavras, imagine que meus braços estão se estendendo para você, para lhe oferecer minha energia vagal ventral. Veja se você consegue receber e absorver isso.

Agora tente você. Ancore-se no estado ventral e sinta as maneiras pelas quais seu sistema está em equilíbrio. Explore formas pelas quais você pode oferecer sua energia vagal ventral a outra pessoa. Embora abrir os braços funcione para mim, tente movimentos variados e encontre aquele que se encaixa no seu sistema. Experimente e veja o movimento que surge. Depois de encontrar seu movimento, use-o para estender sua energia a alguém. Sinta o que acontece com você quando usa seu movimento para fazer esse oferecimento e imagine o que acontece com eles quando recebem o convite. Então, encontre alguém com quem possa experimentar. Isso pode ser feito remota ou pessoalmente. Veja como é estar com alguém e segurar essa pessoa em seu abraço ventral. Pergunte à outra pessoa como é para ela. Brinque com a mudança do movimento e veja o que acontece em ambas as pontas da experiência. Encontre a maneira de se conectar que pareça corregaladora.

## Exploração:

## Iluminando Seus Círculos

Comece imaginando as cores principais que representam os três círculos do seu sistema nervoso autônomo. Convide seu cérebro a descansar e, em vez de fazer uma escolha cognitiva, deixe seu sistema nervoso autônomo ser seu guia. Comece encontrando a cor do seu círculo dorsal central. Em seguida, adicione a cor do seu círculo simpático circundante. E, finalmente, a cor do seu anel externo ventral, que mantém os outros em um círculo de segurança.

Explore os movimentos das mãos para acompanhar cada círculo. Às vezes, junto as mãos com firmeza, imaginando a energia dorsal, abro meus dedos, apenas se tocando, para o estado simpático, e então afasto minhas mãos para segurar as outras duas energias dentro da ventral. Junto aos movimentos das mãos, explore outras maneiras de segurar seus estados. Você pode imaginar segurar três bolas de luz de tamanhos diferentes, ou três fluxos de energia. Dedique um momento a experimentar a variedade de formas de manter seus estados. Deste ponto de partida, o próximo passo é conhecer as maneiras pelas quais seus estados se entrelaçam. Para isso, vamos além das cores básicas e convidamos tonalidades diferentes e misturas de cores. Comece com o estado ventral e veja como a cor preenche seu círculo. Este círculo pode ser composto por uma variedade de cores ou diferentes tons de uma cor. Veja como as cores do seu sistema vagal ventral ilustram as qualidades de ancoragem em segurança e conexão. Observe suas cores mudarem conforme você sente como essa energia molda as maneiras pelas quais navega com segurança pelo mundo.

Agora, adicione os tons e as cores do seu círculo simpático. Veja como as cores dos seus dois círculos se complementam. Sinta a conexão entre seus sistemas ventral e simpático. Sinta as maneiras pelas quais seu sistema simpático adiciona energia e seu sistema ventral a regula.

Veja como as cores se misturam e se separam. E agora, adicione os tons e as cores do seu círculo dorsal interno. O que parece representar a energia lenta e constante deste estado? Observe as semelhanças e diferenças entre essas cores e as cores em seus outros dois círculos.

Viaje de círculo em círculo para se mover entre seus estados. Observe cada círculo se iluminar conforme você viaja de um para o outro. Cada um tem sua própria paleta de cores individual e traz benefícios importantes para seu bem-estar. Conclua sua exploração vendo seus três círculos se iluminarem juntos.

Quando o círculo ventral está abraçando ativamente os outros dois, podemos experimentar bem-estar físico e psicológico e todas as propriedades emergentes de um sistema em regulação. Alguns dos benefícios para a saúde física incluem redução de incidentes de doenças cardíacas, pressão arterial regulada, um sistema imunológico saudável, redução de inflamações e boa digestão. Os benefícios para a saúde mental incluem redução de estresse, menos depressão e ansiedade, e aumento da autocompaixão e da compaixão.

> Existem muitas nuances da qualidade ventral, mas o ingrediente comum a elas é a neurocepção de segurança que dá base a esse estado.

Observe o entrelaçamento de seus círculos e mergulhe nas qualidades que acompanham esse estado de bem-estar.[1]

## As Diversas Nuances do Estado Ventral

Embora muitas vezes pensemos que nosso estado ventral é caracterizado por estarmos calmos ou felizes, na verdade, nosso sistema vagal ventral traz uma infinidade de experiências. Junto à calma e à felicidade, quando estamos ancorados em nosso estado ventral, podemos ficar animados, cheios de alegria, conscientes, envolvidos, apaixonados, curiosos, compassivos, alertas, prontos e focados. Existem muitas nuances da qualidade ventral, mas o ingrediente comum a elas é a neurocepção de segurança que dá base a esse estado. Dedique um tempo para observar quais palavras descrevem suas experiências vagais ventrais.

## Exploração:
## Uma Escala para o Estado Ventral

Usar uma escala é uma maneira fácil de conhecer nossas variedades ventrais pessoais. Com uma escala, mapeamos as mudanças graduais que acontecem entre o primeiro toque da ponta do dedo do pé no estado ventral e a imersão total na experiência. Para criar sua escala, comece entrando em conexão com seu sistema vagal ventral. Encontre-o em seu corpo, dê vida à sua paisagem ou reconecte-se com seu círculo vagal ventral. Sinta os primeiros movimentos da energia ventral. Como você nomearia esse momento? Como você rotularia esse lugar em sua escala? Como exemplos, podemos sentir facilidade, suavização, relaxamento, sentir que chegamos onde pretendíamos, ou que estamos presentes. Ouça seu sistema nervoso e encontre a palavra que nomeia esse momento para você.

Agora imagine a outra ponta da escala, o lugar onde você está totalmente imerso na abundância de sua energia vagal ventral. Como você nomeia esse lugar? Pode ser abundância, estar vivo, sentir-se em unidade com o redor ou apaixonado. Ouça e deixe seu sistema nervoso enviar a você a palavra para nomear esse lugar.

Depois de nomear as experiências de entrar e estar totalmente imerso no sistema vagal ventral, você pode viajar ao longo da escala e encontrar as nuances da segurança ventral que estão no espaço entre os dois. Você pode ver sua escala como uma linha e mover-se ao longo dela de uma ponta a outra, ou imaginar viajar ao redor do seu círculo vagal ventral. Ou sua escala pode aparecer em um desenho totalmente novo. Experimente até encontrar a forma que representa sua experiência. Desenhe essa forma no papel e adicione os nomes para a entrada e imersão total. Mova-se lentamente por sua escala, parando para sentir suas diferentes nuances. Nomeie cada uma das experiências ventrais que encontrar e as adicione à sua escala.

Quando tiver percorrido o espaço de uma ponta a outra, transite lentamente por sua escala em ambas as direções. Sinta a variedade de experiências que são possíveis e as mudanças que acontecem entre mergulhar um dedo do pé na energia da regulação, e estar totalmente ancorado na segurança. Pare em cada ponto para sentir a maneira como aquela nuance particular do estado ventral ganha vida.

Existem várias maneiras de usar sua escala. Retorne regularmente a ela e viaje de ponta a ponta para aprofundar a conexão com seu estado ventral. Quando você sentir que está começando a ser puxado para um estado de proteção e precisa encontrar seu caminho para a segurança e a regulação, vá para o ponto de entrada da escala e encontre seu caminho até o início da segurança e regulação ventrais.

Sua escala é um mapa de segurança e regulação que evolui conforme você conhece seu sistema vagal ventral. Com o tempo, você encontrará mais pontos que deseja nomear ou nomes que queira mudar. Quer você desenhe uma linha simples e adicione palavras ou crie uma representação artística, sua escala é um recurso que o ajuda a fortalecer seus caminhos de conexão.

## Vislumbres

Embora possamos ter longos períodos em que nos movemos pelo mundo ancorados em segurança e conexão, também temos micromomentos em que sentimos uma centelha de energia ventral. Eu os chamo de vislumbres. Os vislumbres estão ao nosso redor, mas eles são muito difíceis de encontrar quando estamos em um estado de proteção. Mesmo quando estamos ancorados em segurança e conexão, podemos perder os vislumbres se não os estivermos enxergando.

Os humanos têm um viés de negatividade embutido. Para dar base à nossa sobrevivência, somos programados para responder mais intensamente a experiências negativas do que a experiências positivas igualmente intensas. Temos que procurar ativamente, tomar nota e acompanhar esses momentos ou micromomentos de segurança e conexão que são nossos vislumbres. Caso contrário, eles podem facilmente passar sem que os notemos. Conforme começamos a trazer consciência para nossos vislumbres, os momentos começam a se acumular. Passamos a sentir cada vez mais energia ventral e construímos a capacidade de nos ancorarmos ali. Os vislumbres nos ajudam a viajar em uma espiral ascendente de segurança e conexão, e nossa base de regulação é fortalecida.[2]

O fato de conseguirmos encontrar vislumbres não significa que também não vivenciemos o sofrimento. É um reconhecimento de que nosso sistema nervoso é capaz de sustentar tanto momentos de segurança quanto de sobrevivência. É fácil esquecer isso quando estamos imersos em um momento de angústia e, ainda assim, quando trazemos a intenção de notar os vislumbres, sentimos a resposta do nosso sistema nervoso a esses momentos de energia vagal ventral.

Pare por um momento e olhe ao seu redor. Há um vislumbre esperando para ser notado?

# Exploração:

## Encontrando Vislumbres

Ontem, avistei um cardeal vermelho e parei por um momento para observá-lo. Mais tarde, senti o cheiro de grama recém-cortada pela janela. Esses vislumbres de ontem me deixam curiosa sobre o que encontrarei no meu caminho hoje. Essa é a experiência de vislumbres comumente relatada. Quando começamos a vê-los, procuramos outros e descobrimos que vislumbres não são experiências incomuns. Quando estamos abertos a encontrá-los, eles aparecem com frequência em nossas vidas diárias.

### Conectando-se com um Vislumbre

Como você sabe que se conectou a um vislumbre? Você pode senti-lo em seu corpo. Uma das maneiras pelas quais reconheço um vislumbre é com uma sensação de suavização ao redor dos meus olhos e o início de um sorriso. Um pensamento pode chamar sua atenção, ou você pode notar um vislumbre através dos seus sentidos: um cheiro, um gosto, uma vista, um som, um toque em algo. Dedique um momento a perceber como você sabe que encontrou um vislumbre.

Um vislumbre pode ser um micromomento que está previsivelmente presente em seu mundo. Para mim, é ver as estrelas no início da manhã. Sou uma pessoa matinal e, em muitas manhãs, quando acordo, saio e olho para o céu apenas para ficar sob as estrelas e aproveitar aquele momento. Existe um vislumbre previsivelmente presente com o qual você pode se conectar? Os vislumbres também podem ser momentos inesperados que aparecem em seu caminho. No momento em que você sentir a centelha de um toque de energia vagal ventral, pare, observe e absorva.

## Lançando uma Intenção

Lançar uma intenção é uma maneira de dar apoio a essa nova prática. Minha intenção de vislumbre é procurar os vislumbres que estão em meu caminho hoje esperando encontrá-los. Tenho uma amiga que lançou a intenção de ver um vislumbre por dia durante uma semana, e outra cuja intenção era procurar um vislumbre para começar o dia. Gaste um tempo criando sua própria intenção de vislumbre. Escreva sua intenção e depois a leia em voz alta para si. Sua intenção parece factível? Defina uma intenção que pareça ancorada em um senso vagal ventral de possibilidade. Uma intenção pode parecer pequena demais para capturar seu interesse ou grande demais para ser usada com sucesso. Brinque com as palavras até encontrar aquelas que são certas para seu sistema nervoso dizer sim.

Quando emitimos uma intenção de procurar vislumbres, muitas vezes ficamos surpresos com o que encontramos. Os vislumbres estão ao nosso redor enquanto passamos por nossas atividades diárias. São gotas de energia ventral que trazem momentos fortalecedores de conexão. Nosso desafio é notá-los quando acontecem. Algo que ajuda é manter um registro dos vislumbres para rastrear os muitos lugares e maneiras pelas quais eles aparecem em nossas vidas. Quando sabemos onde previsivelmente os encontramos, podemos retornar sempre a esses lugares e experimentar a energia vagal ventral que eles oferecem. Mantenha um caderno de vislumbres ou encontre um lugar para anotá-los em seu diário.

## A Natureza Fugaz do Vislumbre

Há vezes em que começar a encontrar vislumbres pode parecer perigoso, em vez de trazer um micromomento de energia ventral. Uma amiga comparou sua experiência com vislumbres a construir um castelo de areia na beira do mar e depois vê-lo ser dissolvido pelas ondas. Para ela, a natureza fugaz de um vislumbre trazia tristeza. Se sua experiência ao começar a procurar e ver vislumbres for assim, comece procurando um vislumbre previsível, algo que aparecerá com certeza em sua vida. O amor pela natureza e as caminhadas diárias da minha amiga ofereceram a ela uma maneira de notar regularmente um vislumbre e fazer deles uma parte previsível e fortalecedora de sua vida diária. Ser capaz de contar com vislumbres surgindo e reaparecendo em suas caminhadas criou a segurança de que ela precisava para estar aberta aos momentos inesperados de vislumbre.

## Segurança Cotidiana

Junto aos vislumbres, as experiências cotidianas oferecem oportunidades para nos ancorarmos na segurança vagal ventral. Frequentemente, as coisas simples que fazemos, coisas essas pelas quais somos intuitivamente atraídos e para as quais nosso sistema nervoso nos guia, estão nos regulando mesmo sem nossa consciência. E enquanto o ato de se envolver com elas reaviva nosso estado vagal ventral, quando paramos e notamos o momento, trazemos o momento à consciência e o saboreamos intencionalmente, aprofundamos a experiência e fortalecemos o estado ventral. Quando encontramos maneiras fáceis de alcançar esse estado, aproveitamos o poder dessas experiências comuns. Em minhas conversas com pessoas ao redor do mundo, parece que o que escolhemos vestir é uma maneira comum de nos envolvermos na energia vagal ventral. Temos uma camisa, um suéter, uma calça de moletom ou sapatos favoritos e, quando os vestimos, sentimos a segurança, o calor e a conexão de uma experiência vagal ventral. Tenho um suéter que adoro usar. Ele me traz uma sensação de confiança e, ao mesmo tempo, sinto-me reconfortada pelas memórias de outras vezes em que o usei e me senti envolta na regulação ventral. Você tem algo assim, algo que veste, que o faz se sentir imediatamente seguro, reconfortado e pronto para conhecer o mundo?

Outra maneira de nos sentirmos ancorados no estado ventral é através do nosso olfato. Os odores têm um impacto no sistema nervoso autônomo, e sentir um odor familiar e agradável é uma maneira de ancorar na energia da regulação. Adoro o cheiro do mar e dos pinheiros. Esses são os cheiros do lar para mim. Acendo uma vela perfumada e encontro meu caminho para a regulação. Pense em sua própria experiência com o cheiro. Quais são os cheiros que o levam para seu lar ventral e como você pode trazê-los para seu ambiente?

Há lugares no mundo que dão vida ao nosso estado vagal ventral e aos quais somos atraídos a explorar ou habitar. Em certos ambientes, nos conectamos facilmente à nossa energia ventral. Sinto isso no que chamo de *lugares dos confins da terra*. Adoro os lugares onde a terra encontra o mar no ponto mais distante, os lugares que ainda são um pouco selvagens e isolados. Tenho um amigo que sente a mesma coisa no meio de uma cidade movimentada, e outro que anseia por estar com montanhas à vista. Cada um tem seus próprios lugares onde tem uma sensação incorporada de estar em casa, lugares onde nos sentimos profunda e confiavelmente ancorados em segurança.

Quais são os ambientes que parecem ser seu lar autônomo? Onde estão os lugares em seu mundo que dão vida a essa experiência?

Além dos ambientes maiores para os quais somos atraídos, também temos lugares pessoais onde encontramos previsivelmente uma conexão ventral. Tenho um canto em minha casa onde sento e me sinto contente. Uma amiga me contou que tem um lugar favorito em sua cafeteria local, e outro amigo me disse que seu lugar predileto era sentar sob uma árvore especial. Olhe o ambiente de vida rotineira ao seu redor e encontre seu lugar de conexão pessoal.

E há também os objetos que trazem o lembrete tangível de que podemos encontrar nosso caminho de volta para uma conexão ventral e ancorar ali. Alguns dos meus objetos favoritos são pedras da praia. Quando criança, aprendi que uma pedra com um anel em volta é uma pedra da sorte. Adulta, vou regularmente à praia perto de minha casa e apanho pedras, procurando por uma pedra da sorte. Ainda mais difíceis de encontrar são pedras em formato de coração, por isso considero um momento a se valorizar quando encontro uma delas em minha busca. Tenho um pote de pedras da sorte e pedras em formato de coração que colecionei em minhas caminhadas pela praia. Elas estão no parapeito da janela da minha cozinha, onde as vejo todos os dias, servindo como um lembrete tangível de regulação. Quando quero uma conexão um pouco mais forte com esse lembrete de regulação, pego uma pedra do pote e carrego comigo. Dedique algum tempo para encontrar algo que o lembre da sensação de estar ancorado na regulação e, em seguida, coloque-o em algum lugar onde você o verá ao longo do dia.

Com essa nova consciência de alguns dos elementos que dão vida ao seu estado vagal ventral e o ajudam a se sentir ancorado em segurança, explore agora maneiras de colocar essa consciência em ação. Você pode pegar seu suéter ou camiseta favorita, manter aromas por perto e saborear os momentos em que estiver em lugares que fortalecem seu sistema. Coloque objetos no ambiente ao seu redor como lembretes de sua conexão ventral e escolha algo especial para carregar consigo. Gaste um tempo criando seu próprio plano pessoal.

## Exploração:

## *SAFE* ("Seguro")

Como muitas pessoas, gosto de siglas. Elas me ajudam a lembrar os elementos de uma prática. Quando eu estava trabalhando com maneiras de ancorar em segurança, os quatro elementos de História, Ação, Sentimento e sensação Corporal incorporada se tornaram a sigla SAFE, em inglês (***S**tory, **A**ction, **F**eeling* e ***E**mbodied sensation*; *safe* significa "seguro", em tradução livre), cada elemento sendo uma etapa no processo de criação de uma história SAFE, ou de segurança. Nas seções a seguir, você pode seguir as instruções e escrever sua própria história SAFE, e ler os elementos da minha.

### Ancore-se na Regulação

Antes de começar o processo, encontre seu caminho para a regulação e dedique um momento para ancorar ali. Você pode usar suas imagens dos círculos e ver seu círculo ventral externo se iluminar, circundando seus outros estados. Você pode se conectar com o lugar em seu corpo em que o estado ventral ganha vida ou usar um dos elementos de segurança cotidiana que você acabou de descobrir.

## S – *Story* (a "História")

Escolha uma história para sua exploração SAFE que tenha um colorido de segurança, que você gostaria de revisitar e reescrever. Dê vida a ela com as partes que são importantes para si. Algumas histórias de segurança são mantidas nas nossas memórias, enquanto outras estão acontecendo em experiências do tempo presente. Escolha um momento pelo qual você esteja interessado em explorar e expandir como uma história maior de segurança. Escreva sobre esse momento. Descreva os detalhes que são significativos para você.

**Minha história**: *Ultimamente tenho sentido alguns dos desafios do envelhecimento. Descobri que isso pode facilmente trazer preocupação ou uma sensação de tristeza, e preciso ter maneiras de me sentir ancorada na segurança. Minha história vem de uma lembrança de subir em uma árvore no quintal da minha casa de infância. A árvore tinha tábuas pregadas no tronco, facilitando a subida até o dossel de galhos. Criei muitas memórias de infância nessa árvore, e agora imagino que a árvore e eu estamos envelhecendo juntas. O formato dos seus galhos mostra como ela sobreviveu, e muitos deles ficaram torcidos ao longo do tempo. Meus galhos, torcidos à sua maneira, contam minha história de sobrevivência.*

## A – *Action* ("Ação")

Passe ao elemento de ação e veja o que acontece nesta história. Escreva sobre o que faz aqui que é importante para você lembrar.

**Minha história**: *Imagino que estou de pé à sombra da árvore, buscando refúgio da luz brilhante do sol. Então, me imagino sentada, com as costas apoiadas no seu tronco maciço. Lembro-me de todas as vezes em que subi ao alto da árvore e olhei para o mundo com alegria.*

## F – *Feeling* ("Sentimento")

Observe seus sentimentos. Quando essa história de segurança está viva em seu sistema, quais são os sentimentos que vêm junto? Escreva sobre os sentimentos que você lembra que surgiram durante a história, e os sentimentos que vêm de você escrever a história agora.

**Minha história**: *Lembro-me da alegria de ser uma criança com uma árvore para escalar e da sensação de liberdade que sentia quando estava no alto dela. Sinto um pouco de tristeza por não poder mais escalar do jeito que fazia quando era jovem, mas ainda sinto a sensação de liberdade e alegria em minha vida. Então, penso nas raízes da minha árvore e na maneira como essas raízes sustentam a saúde e o crescimento, e sinto a segurança de estar profundamente enraizada na minha vida. Sinto a combinação de ser livre e enraizada, e descubro que estou contente.*

## E – *Embodied sensation* ("sensações Corporais")

Termine com suas sensações corporais. Como você sente essa história de segurança em seu corpo? Escreva sobre as sensações que você lembra ter tido, e o que seu corpo sente agora que está revisitando a história.

**Minha história**: *Meu corpo se lembra da empolgação de escalar e da sensação de energia em minhas mãos e pés. Sinto essa mesma excitação fluindo facilmente em meu corpo agora. Ao me lembrar da conexão com minha árvore, posso sentir minha energia subindo para o céu enquanto subo, e descendo para a terra conforme sinto a força de suas raízes.*

Quando terminar de escrever sua história, dê um título a ela, leia-a novamente e sinta como pode se ancorar em sua história de segurança. Com o tempo, escreva algumas histórias SAFE – seguras. Muitas pessoas acham que escrever histórias SAFE é algo que as ajuda a se reconectar aos momentos de segurança relembrados e a dar vida à experiência no presente. Veja se essa maneira de se conectar com a segurança ventral e a regulação funciona para você.

## Muitas Maneiras de Celebrar a Segurança

À medida que encontramos nosso caminho para a segurança ventral com mais frequência e facilidade, queremos encontrar maneiras de permanecer lá, absorver a experiência e obter os benefícios físicos e psicológicos de um sistema ancorado nessa energia reguladora. Quando vivemos com um sistema nervoso autônomo que sai do espaço ventral e não consegue encontrar o caminho de volta, algumas das maneiras pelas quais sofremos são depressão, ansiedade, problemas digestivos, problemas respiratórios, fadiga crônica, isolamento social e solidão. Os benefícios de um sistema que pode retornar flexivelmente ao estado ventral incluem uma sensação de bem-estar subjetivo, uma capacidade aumentada para a amizade e a habilidade da autocompaixão e compaixão pelos outros.[3]

Encontramos nosso caminho para uma âncora no espaço ventral por conta própria e com os outros. Não importa a forma como chegamos, é importante notar o retorno e apreciar o processo. A apreciação pode assumir muitas formas. Pode ser uma expressão silenciosa de gratidão, aproveitando a oportunidade para saboreá-la, ou um simples reconhecimento daquele momento. E, às vezes, queremos marcar o momento de uma forma grande e cheia de energia. Embora não haja só uma maneira para perceber e apreciar, a parte importante do processo é estar ciente de encontrar o caminho de volta ao estado ventral e reconhecer esse retorno da maneira que parece certa naquele momento.

Uma amiga compartilhou comigo sua experiência ao fazer exatamente isso. Seu lar longe de casa é o que ela chama de seu lugar de dormência dorsal. Ela está familiarizada com a experiência de ir até lá e, depois, encontrar o caminho de volta à segurança ventral. Embora estivesse acostumada a fazer essa jornada, ela queria encontrar uma maneira de reconhecer sua capacidade de retornar à segurança ventral e manter a experiência. Havíamos conversado sobre os benefícios de se reconhecer o retorno à ancoragem na regulação e algumas das maneiras para se fazer isso. Aí vai o que ela compartilhou comigo:

> Senti a primeira movimentação de energia em meu corpo, que sinaliza que estou começando a voltar à vida, e me voltei para ela. Em seguida, senti um pouco de esperança retornar, e isso abriu meu caminho já bem percorrido de volta ao estado ventral e me senti viva novamente. Experimentei maneiras de honrar e aprofundar essa experiência para que eu pudesse permanecer ancorada lá. O que descobri foi que me sentir grata por encontrar meu caminho para a segurança e a regulação não era o suficiente. Eu precisava de uma celebração mais ativa para dar vida ao meu sistema. Foi o ato de celebrar, dizendo em voz alta e com paixão: "Cheguei! Estou aqui!", que me ajudou a me sentir totalmente viva e ancorada novamente. Descobri que, para meu sistema, reconhecer isso ativamente celebrando em voz alta é uma parte importante da experiência. Quando celebro, fortaleço minha capacidade de permanecer ancorada em segurança.

Veja se, para você, celebrar é algo com que se identifica. Imagine ser puxado para um estado de proteção, encontrar seu caminho de volta à segurança ventral e celebrar o retorno à regulação. Experimente algumas frases para ver o tamanho que ficam. Pode ser que seu sistema não queira esse tipo de reconhecimento, ou, como minha amiga, você pode achar que essa é uma prática que ajuda a tornar seu retorno e ancoragem na segurança ventral muito mais fácil.

Também encontramos nosso caminho de volta à segurança em conexão com os outros e com um reconhecimento mais silencioso da experiência. Podemos usar momentos de corregulação para reduzir experiências de mobilização ou desligamento e fortalecer nossa capacidade de permanecer ancorados na segurança. Tenho uma amiga que está acostumada a ser puxada para uma resposta de fuga mobilizada e a ficar presa lá. Essa experiência a tira da conexão com as pessoas ao seu redor. Quando ela é mobilizada, sente que todos estão contra ela e a única escolha é correr. Aí vai sua história de quando se conectou com uma amiga e descobriu uma mudança em sua capacidade de permanecer ancorada em segurança:

> Mesmo estando com uma boa amiga, ainda sentia a atração da mobilização e a necessidade de escapar. Mais tarde, pude olhar para trás e ver que, embora eu tenha sido puxada para um estado de sobrevivência, minha amiga nunca havia deixado de ser minha amiga. Ela estava sempre ao meu lado. Na época, eu não conseguia ver isso. Minha biologia não me deixava sentir ou acreditar nisso. Então, pedi para minha amiga me ajudar a criar uma declaração que eu pudesse ler em voz alta ou dizer a mim mesma quando estivesse ancorada em segurança, e outra declaração para usar quando começasse a sentir a necessidade de escapar. Para minha ancoragem na segurança, minha declaração era: "Estou aqui e posso aproveitar a alegria de estar com os outros", e quando começava me mover para a fuga, minha declaração era: "Se eu precisar fugir do perigo, tenho um amigo que irá comigo". O que descobri é que, depois de algumas semanas usando essas duas simples declarações, estou menos propensa a sentir aquela necessidade intensa de escapar, e sou muito mais capaz de permanecer ancorada na segurança.

Veja se você se identifica com essa maneira de perceber seu retorno à segurança ventral e ancorar lá. Pense em alguém que gostaria de usar como um recurso de corregulação. Quais declarações você poderia escrever para usar essa conexão e ancorar em segurança? Seu sistema pode achar isso útil ou você pode achar que a corregulação não é seu caminho preferido.

## Saboreando

A prática de saborear nos ajuda a aproveitar ao máximo um momento ou micromomento de segurança e regulação. Saborear é ver e celebrar as pequenas coisas da vida cotidiana. Nós saboreamos quando reconhecemos uma experiência no momento, quando nos lembramos de um momento e o revivemos, e quando antecipamos uma experiência futura. Quando trazemos esses momentos à consciência e passamos apenas um tempo, mesmo que pequeno, ativamente engajados em estar presente a eles, os benefícios são tanto imediatos, por nos sentimos ancorados na segurança ventral, como de longo prazo, com ganhos em bem-estar físico e emocional. Nossos sistemas imunológicos são fortalecidos, nós nos sentimos mais criativos, identificamos mais satisfação com a vida, somos mais resilientes e temos o risco de depressão reduzido. Diferentemente dos momentos singulares, os micromomentos que saboreamos se acumulam. Com uma prática de saborear, eles se somam e moldam nossos sistemas em direção à conexão.[4]

## Exploração:

## Esteja Presente, Aprecie, Amplifique

Nossos sistemas nervosos autônomos sabem de forma inata o caminho de volta para casa, para a segurança e a regulação, e cada um desenvolve suas próprias maneiras de aprofundar essa experiência. Uma das maneiras pelas quais podemos nos conectar ao nosso estado ventral e nos ancorarmos ali é por meio do processo de saborear. Quando saboreamos, estamos presentes, apreciamos e amplificamos uma experiência ventral. Saborear é uma prática breve, de três etapas, de vinte a trinta segundos, que se encaixa facilmente no fluxo do dia:

1. Primeiro, esteja presente. Traga um momento vagal ventral para a consciência e pare para notá-lo.
2. Em seguida, aprecie esse momento. Fique com sua atenção.
3. Por fim, amplifique. Mantenha o momento na consciência focada por vinte a trinta segundos. Sinta a plenitude do momento.

Saborear é uma prática de vinte a trinta segundos no máximo, então é possível realizá-la muitas vezes ao longo do dia. Experimente. Pense em um momento, ou mesmo um micromomento, quando você se sentiu conectado à energia do seu sistema vagal ventral. Simplesmente esteja com essa experiência. Sinta as maneiras pelas quais seu corpo traz a energia vagal ventral e as maneiras pelas quais a experiência ganha vida. Passe cerca de vinte segundos lá e depois volte ao momento presente.

Você pode achar fácil saborear sua experiência por vinte segundos e, nesse caso, pode estender sua apreciação para trinta segundos. Ou você pode achar desafiador e sentir uma mudança da amplificação para o que é chamado de experiência de amortecimento, que acontece quando os pensamentos interrompem o processo e param o saborear. Podemos nos pegar pensando que não merecemos sentir isso, ou que é perigoso se sentir bem ou que algo ruim acontecerá se pararmos e apreciarmos o momento. Esta não é uma experiência incomum quando começamos a explorar maneiras de participar e apreciar. Quando isso acontecer, comece lentamente, com cinco ou dez segundos, e vá aumentando até vinte ou trinta. Encontre a quantidade de tempo que dá base à sua capacidade de estar presente, apreciar e amplificar. Sempre que a prática passar de uma experiência de aprofundamento para uma de amortecimento, pare. Seja gentil, seja paciente, seja persistente. Com o tempo, você verá que sua capacidade de saborear aumentará.

## Compartilhe e Aprofunde

Nós saboreamos novamente quando adicionamos linguagem à experiência para compartilhá-la com alguém. Lembre-se, nosso sistema nervoso anseia por conexão, e compartilhar nossa história de saborear com alguém aprofunda a experiência. Encontre alguém que virá até você com o coração aberto e pronto para ouvir. Seu saborear ganha vida quando você conta sobre ele, e a pessoa com quem você o está compartilhando muitas vezes sente como se estivesse se juntando a você no momento inspirado pelo estado vagal ventral.

Agora que chegamos ao final deste capítulo de exploração de maneiras de ancorar na segurança, quero deixá-lo com este verso de um poema de Rumi: “Há uma vela em seu coração pronta para ser acesa”. Acredito que nosso estado vagal ventral, com as energias que ele traz à vida, é uma vela que está sempre acesa e, quando nutrida e cuidada, queimará mais fortemente e será mais quente, trazendo-nos saúde, crescimento e restauração.

# 8

# Moldagem Suave

Tudo é realizado passo a passo.

CHARLES BAUDELAIRE,

*MEU CORAÇÃO DESNUDADO E OUTROS ESCRITOS EM PROSA*

Agora, com compreensão sobre as maneiras como nossos sistemas nervosos autônomos funcionam e a nova habilidade de fazer as pazes com eles, voltamos nossa atenção a moldar suavemente nossos sistemas de novas maneiras. O sistema nervoso autônomo nos guia conforme nos movemos pelo mundo. Sem consciência, nossos padrões simplesmente funcionam em segundo plano. Mesmo quando nossos padrões são reguladores e trazem bem-estar, se não nos voltarmos para eles e nos envolvermos ativamente com eles, não nos beneficiaremos da maneira mais profunda possível. Com atenção e intenção, podemos moldar nosso sistema de maneiras que alimentem os caminhos que nutrem nosso bem-estar.

Nossos caminhos geralmente nos levam ao que é conhecido em biologia como um ciclo de feedback positivo. Nesse contexto, a palavra *positivo* significa simplesmente que o padrão continua ativo. Um ciclo de feedback positivo pode criar uma espiral ascendente de conexão. Pode começar com um vislumbre que traz um momento de relaxamento em seu corpo, seguido por um pensamento alegre, que cria então uma prontidão para ver o próximo vislumbre. Nós devemos reconhecer e fornecer recursos para esse tipo de ciclo de feedback positivo.

Um ciclo de feedback positivo também pode nos manter presos em um processo de proteção. Nossos estados de sobrevivência são acompanhados por autocrítica e autoculpa, e essas mensagens reforçam o padrão de sobrevivência. Mesmo uma breve experiência com um ciclo de proteção exerce uma atração poderosa e, se não interrompermos o padrão, não poderemos remodelar nossos sistemas. Por exemplo, uma história pela qual me vejo atraída frequentemente é que estou deslocada, não pertenço a este lugar, não tenho o direito de estar aqui. Isso vem de um lugar vagal dorsal de desconexão e, quando começo a escutar essas histórias, a força gravitacional fica mais forte. Fica mais difícil encontrar meu caminho para a regulação ventral ou mesmo lembrar que ele é uma possibilidade.

Dedique um tempo a explorar seus próprios ciclos. Comece observando um momento de mobilização. Sinta sua resposta incorporada e então ouça o pensamento que inicia essa história de sobrevivência em particular. Observe como seus pensamentos e histórias ficam mais fortes e começam a ampliar a experiência. Continue observando um ciclo vicioso que termine em colapso. Observe sua resposta corporal; ouça como essa história começa e sinta como você é puxado para a experiência, caindo mais fundo na desconexão. Complete a exploração observando um ciclo que crie uma espiral ascendente de conexão. Observe a resposta corporal. Sinta como a conexão ventral está viva e ativa em seu sistema e o leva a um ciclo que traz bem-estar. Siga os pensamentos que o ancoram em sua história de segurança.

## Expanda, Mas Não se Estresse

É com uma atitude de amizade e a intenção de fazer as pazes que podemos nos envolver com nossos sistemas para moldar novos padrões e aprofundar aqueles que já estão funcionando. Nosso objetivo em moldar novos padrões é expandir, mas não estressar nosso sistema. Devemos expandi-lo, sentir a forma de um novo padrão e passar um momento saboreando-o. Quando sentimos que precisamos persistir para enfrentar uma experiência ou que precisamos sofrer para ver resultados, estressamos o sistema e entramos em um dos estados de sobrevivência. Quando isso acontece, não estamos mais moldando. Estamos presos em um padrão familiar de proteção. O modelo "sem dor, sem ganho" não funciona com a remodelação autônoma. Para mudar, é necessário encontrar o grau certo de desafio que nos mantenha ancorados com segurança no processo de moldagem.

Moldar é prestar atenção ao que está acontecendo em nosso sistema nervoso autônomo momento a momento, conectar-se com as informações e respeitar o que encontramos. Tanto a empolgação quanto o desafio de moldar nossos sistemas vêm do fato de que nunca sabemos bem para onde estamos indo. O que funciona hoje pode ser demais ou não ser suficiente amanhã. Estamos partindo para uma aventura autônoma e precisamos levar conosco regulação ventral suficiente para ficarmos seguros na jornada. Quando ignoramos nosso sistema nervoso e percorremos o caminho que nossos cérebros querem que sigamos, passamos da expansão e da moldagem para o estresse e a sobrevivência.

Aprendi por meio de minhas próprias experiências a não ignorar meu sistema nervoso. Meu cérebro pode ter uma ideia sobre o que fazer, mas, independentemente do que meu cérebro decida, meu sistema nervoso vai executar a ação que ele considera necessária para garantir minha sobrevivência. Recentemente, eu planejava aproveitar mais lentamente o começo do dia. Eu tinha toda a intenção de aproveitar meu tempo e não me apressar para começar meu dia de trabalho, mas a energia mobilizadora do meu sistema nervoso simpático era muito forte, e minha intenção de ir devagar e começar o dia com calma se foi. Comecei a escutar minhas vozes autocríticas e tive que trabalhar duro para não ser levada

Quando sentimos que precisamos persistir para enfrentar uma experiência ou que precisamos sofrer para ver resultados, estressamos o sistema e entramos em um dos estados de sobrevivência.

para uma história conhecida de vergonha e culpa. Quando me voltei para o meu sistema nervoso autônomo, consegui apreciar o fato de que, naquela manhã, meu sistema nervoso estava com outras ideias.

Quando eu entrei em conexão a partir de um lugar de respeito e curiosidade, consegui escutar o que estava por trás dessa resposta de sobrevivência. Meu sistema simpático estava me levando a iniciar tudo com medo de que, se não agisse assim, ficaria para trás com meu trabalho e nunca cumpriria meus prazos. Esse medo rapidamente me levou a uma história sobre ser um fracasso. Saber a história que estava alimentando aquela resposta me deu as informações de que eu precisava para ajustar meu plano para a manhã de forma a usar a energia mobilizadora para ser produtiva, mas não para me guiar. Peguei minha lista de tarefas e escrevi "esta semana" no topo para me lembrar de que eu tinha tempo. Não querendo mergulhar de cabeça no trabalho e, ao mesmo tempo, precisando respeitar a necessidade de agir, sentei-me em meu lugar favorito com meu café da manhã e passei um tempo organizando um plano para percorrer os itens da minha lista de tarefas na semana seguinte. Embora não tenha sido a manhã preguiçosa que eu havia planejado, consegui fazer uma parceria com meu sistema nervoso e, em vez de simplesmente me levantar e ir trabalhar, consegui reservar um tempo para refletir e seguir em frente com alguma facilidade.

Tente fazer isso você mesmo, agora. Pense em uma ocasião recente em que tenha tido uma ideia sobre como algo iria acontecer, e o que pretendia que acontecesse não aconteceu. Sinta o sabor da resposta de sobrevivência que o atrapalhou. Como seu sistema nervoso tentou chamar sua atenção? Observe como foi para seu cérebro e seu sistema nervoso não estarem em acordo. Observe como você sentiu essa batalha interna. E então, imagine-se voltando para a resposta que estava atrapalhando seus planos, e ouvindo a história que seu sistema nervoso queria que ouvisse. O que estava alimentando seus comportamentos e pensamentos? Ao escutar essa história, veja como sua experiência muda.

Uma etapa essencial no processo de moldagem é saber quando você passou da expansão para o estresse, do lugar onde está envolvido com seus padrões para um lugar onde foi sequestrado por um padrão e puxado para a sobrevivência. Eu noto que estou perdendo minha âncora ventral quando meus pensamentos começam a ficar um pouco caóticos ou desorganizados. Começo a me sentir presa em uma história e esqueço que há outras possibilidades.

Uma escala entre expansão e estresse é uma boa maneira de reconhecer os sinais que permitem que você saiba que está se expandindo e moldando, e aqueles que permitem que você note quando começa a cruzar a linha para a zona de perigo do estresse e da sobrevivência.

## Exploração:

## Expandir, Saborear, Estressar, Sobreviver

**Imagem 8.1** Escala da expansão ao estresse

Numa folha de papel, desenhe uma linha e, ao longo dessa linha, distribua uniformemente as palavras "expandir", "saborear", "estressar" e "sobreviver". O ponto médio na linha deve ser o lugar entre saborear e estressar, de modo que expandir e saborear fiquem de um lado e estressar e sobreviver fiquem do outro. Marque esse ponto de uma forma que chame sua atenção. Até esse ponto médio fica o espaço ventral; além do ponto médio, estão os espaços simpático e dorsal. Dê à sua linha as cores, texturas, comprimento e largura que desejar. Muitas pessoas acham que adicionar imagens as ajuda a aprofundar sua conexão. Na minha escala, tenho a imagem de uma pipa voando na ponta de uma longa corda para a expansão, uma concha em espiral para saborear, a forma de um coração irregular para estressar, e um emoji de olhos fundos representando meu lar longe de casa no estado dorsal de sobreviver. Veja quais imagens combinam com as palavras na sua escala.

Nesta exploração, usaremos os dedos para "andar" pela linha, mas você também pode criar uma linha no espaço e realmente andar sobre ela. Coloque os dois dedos no ponto que marca o ponto médio da linha e lembre-se de um momento em que se sentiu equilibrado bem no ponto de mudança. Dê um nome a esse lugar. Meu nome para esse lugar é "o limite". Convide seu sistema nervoso autônomo a lhe enviar uma palavra. Brinque com as palavras até encontrar aquelas que soem certas para marcar esse lugar de mudança do moldar para o sobreviver. Agora coloque um dedo em cada lado desse ponto — um dedo no lado de expandir e saborear e outro no lado de estressar e sobreviver. Sinta as diferentes energias em cada lugar. Mude o equilíbrio entre seus dedos e sinta o que acontece com sua sensação de estar ancorado na segurança ventral.

Agora, vá para o início da linha, para o lugar marcado como "expandir". Sinta como é estar naquele ponto, onde você está pronto para moldar seu sistema de alguma nova pequena maneira. Sinta como seu sistema nervoso autônomo permite que você saiba que ele o está apoiando nesse processo, a fim de fazer uma mudança. Agora, mova seus dedos para o ponto marcado como "saborear". Lembre-se de como é parar e absorver uma mudança, perceber completamente, talvez até mesmo celebrar.

Mova-se entre esses dois pontos para internalizar as maneiras pelas quais uma pequena expansão e um momento de saborear dão suporte à moldagem. Quando estiver pronto, vá para o ponto médio novamente e pare por um momento, antes de passar para o outro lado da escala. Lembre-se de que esta exploração é uma coleta de informações.

Agora faremos uma viagem de pesquisa factual ao território do estresse e da sobrevivência. Nesta exploração, não devemos incorporar totalmente esses estados, devemos apenas sentir seu gostinho.

Mova seus dedos para a marca intitulada "estresse" e descubra os sabores dessa experiência. Como seu sistema nervoso permite que você saiba que cruzou o ponto médio e que não está mais em uma prática de moldagem?

E agora faça o último movimento para a marca de sobrevivência. Fique lá apenas tempo suficiente para sentir as maneiras pelas quais seus estados simpático e vagal dorsal trazem uma resposta adaptativa de sobrevivência. Sinta como você está agora reforçando padrões de proteção neste lugar. Volte para o estresse e observe a diferença. O que acontece quando você dá um passo para trás, da sobrevivência para o estresse?

Então volte para o ponto médio, rastreando as mudanças do seu sistema nervoso e os pensamentos que surgirem. Passe ao lado regulado da linha e encontre seu caminho de volta para a expansão. Reflita sobre a experiência de criar sua escala e mover-se entre os pontos. Dedique tempo para registrar o que descobriu e o que você sente ser importante lembrar.

Há várias maneiras de usar sua escala. Quando você sentir que cruzou o ponto médio para um momento de estresse, use sua escala para encontrar o caminho de volta para o lado da expansão. Se você se encontrar no final da linha, em uma resposta de sobrevivência, use-a para reduzir a resposta, retorne ao estresse e, em seguida, dê um passo de volta para o ponto médio. Do ponto médio, reflita sobre o que tornou a experiência muito desafiadora naquele momento. Ao trabalhar com uma nova experiência, use sua escala para permanecer no lado da expansão e do saborear. Quando quiser explorar as fronteiras de uma nova experiência, coloque-se no ponto médio e sinta o momento em que você entra em estresse. "Ande" entre o expandir e o saborear para aprofundar novos caminhos.

## Fortalecimento ou Esgotamento

Existem dois caminhos a seguir para remodelar nossos sistemas. Um é reconhecer padrões que são acionados pela mobilização e desconexão, observar os padrões que o estão drenando e trabalhar para reduzi-los ou resolvê-los. O outro é reconhecer padrões que o estão nutrindo e encontrar maneiras de replicá-los, aprofundá-los e vivenciá-los mais. Somos naturalmente atraídos pelos padrões que nos drenam, pois sentimos os efeitos como sintomas físicos e sofrimento emocional. Cuidar de mudar esses padrões é frequentemente o ponto onde começamos, mas não pode ser onde terminamos. Para experimentar completamente o bem-estar, precisamos cuidar não apenas dos caminhos que nos drenam, mas também daqueles que nos preenchem.

O primeiro passo é a habilidade de reconhecer como vivenciamos os momentos que nos drenam ou nos preenchem. A partir daí, podemos seguir em frente e reduzir ou resolver as experiências que estão nos drenando, e replicar as que nos estão preenchendo. Usando as estruturas de base da hierarquia, comece na base pelo estado dorsal com uma experiência que o esteja drenando autonomamente. Quando sinto o puxão do meu sistema dorsal, percebo um leve entorpecimento no meu corpo, dou um passo para trás, afastando-me do meu ambiente e começo a pensar que não pertenço àquele lugar. Reflita sobre uma experiência recente que o levou a um colapso dorsal e observe o que acontece em seu corpo. Quais são seus comportamentos e crenças neste lugar dorsal de drenagem autônoma? Conforme você começa a reconhecer o que acontece consigo, reserve um momento para registrar o que descobrir.

Suba um nível na hierarquia e pense em uma experiência que o levou à mobilização de sua resposta simpática de lutar ou fugir. Neste lugar, sinto um sobressalto na parte superior dos meus braços e um aperto no meu estômago. Não consigo ficar parada e começo a sentir uma necessidade intensa de escapar. Observe como você sente esse padrão de drenagem em seu corpo, em seus comportamentos e em suas crenças. Conforme você reconhece o que acontece aqui, reserve um momento para registrar o que encontrar.

Quando chegamos ao topo da hierarquia, na segurança e regulação, a experiência muda de drenagem para preenchimento. Quando isso acontece, tenho uma sensação de tranquilidade no corpo, eu me movo facilmente ao longo do dia e acho que o mundo está me oferecendo oportunidades para eu explorar. Pense em um momento que lhe traz uma experiência de fortalecimento vagal ventral. Observe o que acontece com você. Como uma experiência de preenchimento surge em seu corpo, em seus comportamentos e em suas crenças? Conforme você começa a reconhecer o que acontece com você, registre o que for encontrando.

Com a capacidade de identificar algo que o drene ou o preencha, você agora tem um guia para explorar suas experiências. Usando seu guia, faça uma pesquisa rápida. Reflita sobre algumas experiências recentes e cite aquelas que o drenaram com uma necessidade avassaladora de lutar ou fugir, e aquelas que o drenaram por meio do entorpecimento e do colapso. Depois, cite experiências que o fortaleceram e fizeram-no se sentir preenchido.

Moldar nossos sistemas de novas maneiras é um processo suave que se desenrola ao longo do tempo. Embora queiramos que a mudança aconteça agora, em um instante, o sistema nervoso autônomo geralmente encontra seu caminho tanto para criar novos padrões quanto para aprofundar os caminhos que já estão presentes e fortalecer fazendo pequenas coisas repetidamente. Marie Curie escreveu em suas *Notas Autobiográficas*: "Me ensinaram que o caminho do progresso não é rápido nem fácil". Da mesma forma, a moldagem não acontece em um piscar de olhos com uma grande ação, mas por pequenos momentos que se somam. A moldagem exige que sejamos pacientes, persistentes e perseverantes. As próximas seções e explorações neste capítulo honram essa necessidade.

## Estados e Afirmações

Aqui me lembro da música de Hank Williams, *I'm So Lonesome I Could Cry* ("Estou tão só que poderia chorar", em tradução livre), que se presta bem a este próximo exercício. Muitas vezes temos um pensamento que segue a estrutura da frase, "Estou tão ____________ [um sentimento], que eu poderia ____________ [alguma ação]". Por exemplo, "Estou tão cansado que eu poderia desistir". "Estou tão bravo que poderia gritar". "Estou tão feliz que poderia sorrir para o mundo". Com esses tipos de frases, cada estado autônomo está nos enviando uma mensagem.

### Exploração:

### Estou tão..., que eu poderia...

Comece esta exploração escutando internamente, para ver o que seu sistema está dizendo. Use a estrutura da frase "Estou tão ____________, que eu poderia ____________" para notar este momento no tempo e preencher as lacunas com quaisquer palavras que apareçam.

Reflita sobre sua frase e veja qual estado estava lhe enviando uma mensagem. A frase surgiu de um estado ventral onde as palavras parecem reguladas, interessantes e preenchedoras? Suas palavras vieram do seu estado simpático, trazendo um toque de perigo e uma sensação de receber um excesso de energia? Ou talvez as palavras tenham surgido do seu estado dorsal e capturado a sensação de perder a esperança, desconectar-se e desligar.

O próximo passo é escrever três frases, uma de cada um dos seus estados. Comece conectando-se com seus estados de sobrevivência dorsal e simpático. Veja quais sentimentos e ações emergem para completar essas frases. Termine com o sentimento e a ação que criam uma frase de inspiração ventral.

Usando as frases que você tem agora para cada estado, podemos explorar a formação de novos padrões pegando as frases originais e escrevendo declarações complementares para cada uma, mantendo o sentimento (Estou tão), mas mudando a ação (Que eu poderia). O objetivo é trazer à escrita energia reguladora suficiente para suavizar os dois caminhos de sobrevivência e aprofundar o caminho de segurança e conexão.

Usando os exemplos acima, a frase que emerge de um estado dorsal de colapso, "Estou tão cansado que eu poderia desistir", pode ser alterada para "Estou tão cansado que eu poderia descansar um pouco".

A frase que é alimentada pela ativação simpática, "Estou tão bravo que poderia gritar", pode se tornar "Estou tão bravo que poderia dar um tempo e voltar em outro momento".

E a frase original inspirada no estado ventral, "Estou tão feliz que poderia sorrir para o mundo", poderia ser reescrita como: "Estou tão feliz que poderia procurar outras pessoas e passar um tempo com meus amigos".

Retorne às suas três frases e ao sentimento que você identificou em suas frases dorsal, simpática e ventral (Estou tão) e considere uma resposta diferente (Que eu poderia). Traga apenas um pouco de energia reguladora ventral para as frases que foram escritas a partir de seus estados simpático e dorsal e escreva novos finais. Para reforçar isso, você pode retornar ao seu círculo externo ventral e imaginá-lo se iluminando, ver a paisagem vagal ventral que criou em sua mente ou fazer contato com o lugar em seu corpo que o conecta com seu estado vagal ventral. Quando você sentir que está suficientemente ancorado no sistema ventral para explorar um final diferente, preencha a parte da ação dessas frases. Use palavras que moldam a resposta de sobrevivência, suavemente adicionando uma ação que seja guiada pela regulação do seu sistema ventral. Termine sua exploração com a frase que você escreveu, ancorado na regulação ventral. Adicione uma ação que expanda a experiência e o convide para um momento de saborear.

Esta é uma maneira rápida e fácil de olhar para um padrão e começar a moldá-lo de uma nova maneira. Muitas vezes, nos ouvimos dizendo: "Estou tão ______________________, que eu poderia ______________________". Ao se escutar dizendo isso, aproveite esse momento para se voltar para a primeira parte da frase, traga um pouco de energia ventral e procure um final diferente.

## Respirando até a Regulação

Outra maneira de moldar nosso sistema é com a respiração. A respiração é controlada pelo sistema nervoso autônomo. É um processo automático, mas que também podemos manipular intencionalmente. A respiração é um caminho direto para o nosso sistema nervoso autônomo, tornando-a um recurso regulador e ativador de nossos estados de sobrevivência. O pranayama (prática de respiração) é parte das práticas de yoga há séculos, e há muitos recursos maravilhosos para apoiá-lo em uma exploração profunda do poder da respiração.

À medida que exploramos o uso da respiração para moldar nossos sistemas, é importante lembrar que cada um respira à sua maneira. Para muitas pessoas, práticas de respiração podem ser um sinal de perigo. Mudar os ritmos e ciclos da respiração pode mudar rapidamente nosso estado autônomo. Até mesmo o simples ato de perceber a respiração a desacelera e a aprofunda um pouco. À medida que começamos a respirar um pouco mais devagar ou um pouco mais fundo, em vez de encontrar o caminho para a segurança e a regulação, podemos cair na desconexão e entrar em colapso.

A taxa de respiração normal para adultos é entre doze e vinte respirações por minuto. Uma maneira fácil de encontrar sua taxa de respiração é contando suas exalações ao longo de um minuto. Isso lhe dá um número de base para trabalhar quando você começar a explorar a respiração de uma maneira diferente. Em geral, quando olhamos para padrões de respiração, exalações mais longas (soprar bolhas é uma maneira divertida de praticar exalações longas e lentas), respiração mais lenta (use sua taxa de respirações por minuto para medir) e respiração com resistência (você pode senti-la imaginando que está soprando ar por um canudo ao expirar) trazem mais energia vagal ventral. Respiração rápida, respiração irregular ou inalações ou exalações bruscas aumentam a atividade simpática, enquanto igualar o tempo da inalação e da exalação mantém um estado de equilíbrio autônomo.[1]

Antes de começarmos as explorações, vamos começar simplesmente observando. Encontre um lugar no seu corpo onde você possa sentir sua respiração se movendo. Pode ser o seu peito, o abdômen, a parte lateral das costelas, a parte inferior das costas ou logo abaixo das narinas. Dedique um tempo para localizar o lugar onde você entra em conexão com sua respiração. Siga o caminho de sua inalação e exalação por alguns ciclos respiratórios para conhecê-lo.

Ao respirar, traga consciência para seu freio vagal e para como ele funciona. Lembre-se do leve relaxamento do seu freio vagal e do aumento da frequência cardíaca que acontece na inspiração, e da ativação do seu freio vagal e da diminuição da frequência cardíaca que acompanha cada expiração. Siga mais alguns ciclos de respiração sem mudar nada. Simplesmente esteja com sua respiração. Agora, dedique um momento para conhecer as formas pelas quais sua respiração e seu estado estão conectados. Percorra a hierarquia e sinta como seu ritmo respiratório muda. Observe como você respira quando é puxado para um estado dorsal de colapso, quando sente a mobilização de uma resposta simpática de lutar ou fugir, e quando está ancorado na segurança e regulação ventrais.

Nos próximos exercícios, exploraremos algumas maneiras simples de estar com sua respiração e começar a usar a respiração para moldar seus caminhos para a regulação. Conforme você explora essas práticas, deixe seu sistema nervoso autônomo ser seu guia. Permaneça ancorado em um estado ventral e fique no lado da expansão e do saborear da sua escala.

## Exploração:
## Ritmos Respiratórios

Uma maneira de trazer atenção e intenção para seus ritmos respiratórios é unir respiração e linguagem, adicionando palavras para acompanhar cada inspiração e expiração. Procure pares de palavras que falem sobre o ligeiro aumento de energia que acompanha uma inspiração e o retorno à tranquilidade que acompanha a expiração. Por exemplo, "energizar" e "descansar", ou "abrir-se" e "sintonizar". Experimente até encontrar as combinações de palavras que se encaixem para si. Você pode descobrir que uma delas parece uma combinação natural e passar a usar essas palavras como sua conexão com a respiração. Ou você pode gostar de ter mais escolhas e desejar encontrar vários pares de palavras que se sintonizem com sua respiração. Depois de encontrar suas palavras, experimente usá-las para trazer consciência para seu ritmo respiratório. Traga suas palavras à mente conforme cada respiração vem e vai, e observe o que acontece. Veja o que ocorre se disser suas palavras em voz alta. Tente colocar sua mão em seu corpo, no ponto em que encontrou sua respiração na exploração anterior, e veja como isso muda sua experiência.

Embora seja reconfortante ter conjuntos de palavras que nos coloquem em conexão com nossa respiração de forma confiável, também há momentos em que queremos experimentar para ver quais palavras podem surgir. Sintonize e ouça as palavras que chegam com sua inspiração e as palavras que acompanham sua expiração. Ouça vários ciclos respiratórios para ver se há um padrão que surge ou se cada ciclo traz uma nova combinação de palavras.

Quando permanecemos abertos e curiosos, geralmente descobrimos algo novo.

Cada respiração é acompanhada por movimento. Nossos pulmões se enchem e esvaziam, o diafragma muda de forma, primeiro para abrir espaço para o ar, e depois para ajudar a expulsá-lo, e nosso peito e nosso abdômen sobem e descem. Além desses movimentos biológicos ligados aos nossos ritmos respiratórios, podemos adicionar movimentos intencionais às nossas inalações e exalações e sentir nossa respiração se mover de maneiras que tragam regulação.

## Exploração: Movendo-se com a Respiração

Conforme você explora adicionar movimentos, você pode imaginar se movendo ou expressar o movimento em uma ação. Qualquer escolha dará vida à exploração, então escolha a maneira que o mantém no lado da exploração de sua escala. Comece convidando um movimento a emergir enquanto você inspira. Em seguida, explore um movimento que acompanhe sua expiração. E agora, junte seus dois movimentos com seu ciclo de respiração e sinta seu corpo e respiração se movendo juntos.

Outra maneira de usar a respiração como uma prática de moldagem é suspirando. Suspirar é uma maneira natural de nossos pulmões se manterem saudáveis. Suspiramos espontaneamente muitas vezes por hora, respirando mais profundamente para inflar os milhões de alvéolos de nossos pulmões e depois expirando profundamente. O suspiro é comparado a uma reinicialização dos nossos sistemas, pois a longa expiração audível, que é a marca registrada de um suspiro, demonstrou impactar diretamente não apenas nossa fisiologia, mas também nossos pensamentos. Além de nossos suspiros espontâneos que ocorrem em segundo plano para trazer momentos de regulação, podemos usar o suspiro intencional como uma forma de interromper nosso estado e zerar momentaneamente, e também para aprofundar uma experiência de regulação e conexão.[2]

## Exploração: Suspiro

Comece a perceber sua respiração, sem alterá-la de forma alguma, mas simplesmente a acompanhando. Observe-a com o ar entrando em seu corpo, preenchendo seu corpo à sua maneira e saindo novamente. Sinta o ritmo do seu ciclo respiratório. Agora, interrompa seu padrão respiratório inspirando mais profundamente na respiração seguinte, transformando a expiração em um suspiro. Passe por alguns ciclos respiratórios, adicionando um suspiro de vez em quando.

Temos algumas maneiras básicas de suspirar. Suspiramos com frustração para liberar um pouco de energia e suspiramos quando nos sentimos para baixo ou deprimidos, tentando ganhar um pouco de energia. Suspiramos com alívio ao encontrar o caminho de volta à regulação e depois respiramos com um suspiro de contentamento para saborear a experiência de estarmos ancorados ali com segurança.

Explore cada maneira de suspirar e sinta a resposta. Comece com um suspiro de desespero. Sinta o puxão inicial do colapso e a drenagem de energia que o acompanha. Transforme sua próxima expiração em um suspiro profundo e veja o que acontece quando você interrompe o padrão de respiração. Em seguida, deixe entrar um pouco da energia de lutar ou fugir que vem do seu sistema nervoso simpático. Sinta um pouco de desregulação e dê um suspiro de frustração. Deixe seu suspiro liberar um pouco dessa energia mobilizadora. Observe os pensamentos que vêm com esse suspiro e veja como seu estado muda. Agora sinta um pouco de desregulação e encontre o caminho de volta para sua âncora na regulação. Dê um suspiro de alívio e observe os pensamentos que acompanham essa experiência. E enquanto você se mantém nesse lugar de conexão, dê um suspiro de contentamento. Deixe sua respiração contar a história de tranquilidade, de equanimidade, de se sentir nutrido e preenchido. Ouça a história, absorva-a e saboreie-a. O uso intencional do suspiro é uma maneira gentil de moldar ativamente o sistema nervoso autônomo.

## Sentir-se Tocado

O toque é uma maneira básica pela qual o sistema nervoso se comunica. Quando oferecemos um toque a alguém, estamos compartilhando o estado do nosso sistema nervoso com o outro, e quando somos tocados por outra pessoa, ficamos sabendo do estado de seu sistema. O toque pode rapidamente nos conectar ou ativar nossos caminhos de proteção. Seja um toque íntimo, um toque social ou um toque caloroso e amigável, é um ingrediente essencial para o bem-estar. O toque estimula o sistema nervoso autônomo, ajudando na redução da depressão, da ansiedade e do estresse. O toque acalma nosso sistema cardiovascular, reforça a função imunológica e reduz a dor. Dacher Keltner, do Greater Good Science Center da UC Berkeley, chamou o toque de medicina preventiva. Até mesmo nossa linguagem reflete a importância que damos ao toque. Nós convidamos as pessoas a permanecerem em "contato"; nós nos perguntamos por que as pessoas ficam tão "tocadas" por algumas experiências.[3]

## Exploração:

## Uma Escala de Toque

Quando sentimos falta de ser tocados, ficamos com fome de contato, e, com momentos suficientes de toque, ficamos nutridos e preenchidos de toques. Viajamos regularmente entre essas duas extremidades da nossa experiência de toque e podemos voltar ao uso de uma escala para encontrar as paradas ao longo do caminho.

Desenhe uma linha e, acima dela, marque uma extremidade com "faminto por toque" e a outra com "preenchido de toque". Encontre seus próprios rótulos para esses extremos opostos e escreva-os abaixo da linha. Encontre o ponto médio onde você sente o início da mudança de "faminto" para "preenchido" e nomeie esse lugar. Em seguida, mova-se desse lugar em qualquer direção e nomeie vários pontos ao longo do caminho. Sinta o que acontece em seu sistema nervoso à medida que você se move em direção à sensação de estar preenchido por toque, ou faminto por toque.

**Imagem 8.2** Escala de toque

Com sua escala de toque pessoal, leve sua curiosidade para checar onde você está nessa linha. Reserve um momento para se mover ao longo da sua escala até encontrar o lugar que representa sua experiência atual. Saber onde você está lhe dá as informações necessárias para considerar o que fazer.

Se você estiver no ponto médio, as próximas escolhas que fizer em torno do toque o levarão a sentir falta ou sentir-se preenchido. Se você estiver no lado faminto da linha, explore maneiras de encontrar os momentos de toque dos quais seu sistema sente falta. Se você estiver no lado de preenchimento, primeiro veja se está no lugar que se encaixa em suas necessidades no momento. Se sim, pare e saboreie isso. Se você ainda sentir um desejo, procure por mais momentos de toque que o movam mais na direção de se sentir preenchido.

Nossas memórias de toque são mantidas em nosso sistema nervoso e, quando fazemos contato com uma memória, nós nos movemos novamente para um padrão de proteção ou conexão. Memórias de momentos em que o toque foi oferecido de uma forma inesperada ou indesejada ativam nossos estados de sobrevivência. Pense em momentos em sua vida em que o toque não foi bem-vindo e observe quando você passou a lutar ou fugir e quando passou ao colapso.

O toque também pode trazer uma resposta reguladora e nos ajudar a ancorar na conexão. Procure memórias de momentos em que o toque foi bem-vindo e sinta como essas experiências o trouxeram para a segurança e conexão. Assim como nossos padrões autônomos podem ser moldados de novas maneiras, as pesquisas agora nos dizem que podemos lembrar de mais de um toque e criar novas memórias de toque.[4]

Se você tem alguém em sua vida com quem se sente seguro para explorar o toque, pode explorar as maneiras de tocar e ser tocado que trazem seu estado vagal ventral à vida e ativam seus estados de sobrevivência. A oferta de uma mão convida seu sistema de envolvimento social a responder com um movimento em direção à conexão, ou leva você à proteção? Uma mão em suas costas traz regulação ou ativa uma resposta de sobrevivência? Identifique os toques que o fazem se desconectar e procure as maneiras de tocar e ser tocado que o levam para o sentimento familiar na regulação ventral e ajudam-no a se ancorar ali.

O autotoque é outra maneira pela qual comumente vivenciamos o toque. Colocamos a mão na testa quando nos sentimos sobrecarregados. Quando ficamos surpresos ou assustados, um gesto natural é uma rápida inspiração e colocar a mão sobre o coração. Colocamos a mão sobre o coração quando nos sentimos tocados por algo especial. Para muitas pessoas, colocar a mão no coração as convida a um retorno à regulação e manter a mão ali aprofunda a experiência. Tente isso agora. Coloque uma das mãos sobre o coração e sinta sua resposta autônoma. Encontre o lugar certo e a pressão certa para tornar esta uma experiência segura e reguladora. Ouça a história que vem com este toque.

Outras sugestões para explorar o autotoque podem ser segurar seu pescoço e imaginar que você está se conectando com o lugar onde seu sistema de envolvimento social se origina, ou colocar uma das mãos em seu coração e a outra em seu rosto e lembrar das ações da conexão rosto/coração. Tente cruzar os braços e oferecer a si mesmo um abraço, ou segurar suas próprias mãos, ou colocá-las em uma posição de oração ou do gesto "namastê". Experimente maneiras de tocar suas pernas e pés. Alguns toques serão fortalecedores, outros serão neutros e alguns ainda serão desconfortáveis. Dedique um tempo para explorar diferentes maneiras de se tocar. Veja quais trazem a você um sabor dos estados simpáticos ou dorsais e quais aprofundam sua experiência ventral. Use o que você aprendeu sobre as formas pelas quais seu sistema nervoso autônomo é drenado ou preenchido para encontrar seu caminho.

Finalmente, podemos incluir o toque espelhado aos autotoques. Para executar um momento de toque espelhado, você e outra pessoa fazem o mesmo autotoque. Uma pessoa mostra, e a outra a segue. Depois vocês trocam de papéis. Às vezes, o toque espelhado traz um aprofundamento da experiência e uma sensação mais próxima de conexão; em outras vezes, estimula um movimento em direção à proteção. Duas pessoas podem sentir seus sistemas se movendo na mesma direção ou em direções opostas. Conforme você explora o toque espelhado, lembre-se de que não há certo ou errado, há simplesmente o caminho do seu sistema nervoso neste momento.

Agora que terminamos este capítulo, vamos refletir sobre o processo de moldagem. Ao longo do tempo, a moldagem acontece de muitas maneiras. Quando começamos nossa exploração, não sabemos quais práticas nos levarão à regulação. Buscamos muitas maneiras de praticá-la para que tenhamos opções para trazer o grau de desafio necessário para nosso sistema a qualquer momento e permanecermos no lado da expansão e do saborear da escala. Moldar nossos sistemas requer persistência para retornarmos às práticas e paciência para deixarmos as mudanças se desenrolarem ao longo do tempo. Tome a decisão de começar a moldar seu sistema e encontre práticas que possa sustentar. Mergulhe no processo e traga qualidades de amorosidade e gentileza consigo.

# 9

# Reconstruindo Histórias

Histórias nos tornam mais vivos, mais humanos, mais corajosos, mais amorosos.

MADELEINE L'ENGLE,
*THE ROCK THAT IS HIGHER*

Através das lentes do sistema nervoso, mudanças sutis em nossos estados e padrões autônomos se traduzem em novas histórias sobre quem somos e como navegamos pelo mundo. Nós, humanos, somos contadores de histórias, seres que criam significados, e é por meio de nossos sistemas nervosos autônomos que primeiro criamos, e então habitamos nossas histórias. As informações que começam em nossa biologia viajam por caminhos autônomos até o cérebro, e o cérebro cria uma história para dar sentido ao que está acontecendo no corpo. À medida que nossa biologia muda, nossas histórias também mudam.

Nós, humanos, somos contadores de histórias, seres que criam significados, e é por meio de nossos sistemas nervosos autônomos que primeiro criamos, e então habitamos nossas histórias.

Cada estado traz um tipo diferente de história. De um estado dorsal de desligamento vêm as histórias sobre perda de esperança, sobre estarmos perdidos ou nos sentirmos desconectados do mundo e de outras pessoas. São histórias sobre não pertencermos ao contexto, sobre sermos deslocados, invisíveis e sozinhos. Quando você toca em seu estado de sobrevivência dorsal, quais são as tonalidades de suas histórias?

De um estado mobilizado simpático, as histórias contam sobre adversários. Não nos importamos com conexão. Temos um único foco na sobrevivência.

Essas histórias tratam de raiva e ansiedade, ação e caos. Quando você sintoniza e ouve seu estado simpático de sobrevivência, que histórias você ouve?

Da regulação do estado ventral, as histórias são de possibilidade e escolha. São histórias de conexão, de desafios que parecem administráveis, de se sentir seguro o suficiente no mundo para se aventurar e explorar. Quando você ouve seu estado ventral de segurança, quais histórias emergem? Conforme aprendemos a fazer as pazes com o sistema nervoso autônomo, descobrimos que as histórias que nosso sistema está contando não são rígidas ou fixas e, de fato, mudam com o tempo. Quando aprendemos a sintonizar, descobrimos que há pelo menos três histórias sempre esperando para serem ouvidas, uma sendo contada de cada estado. A história que chama nossa atenção e direciona nossa experiência vem do estado autônomo que está mais ativo no momento. Quando lembramos que temos acesso a mais de uma história, podemos escutar com curiosidade cada estado, começar a interromper nossas histórias de sobrevivência e nos aprofundar em histórias de segurança.

Uma maneira de escutar nossas três histórias é pegar uma experiência específica e observá-la por meio de cada estado. Penso nisso como se eu olhasse com os olhos de um estado. Nós nos conectamos com um estado e olhamos para o mundo para ver como ele é dessa perspectiva. Para essa exploração, é bom escolhermos uma pequena experiência cotidiana que tenha apenas um leve teor de angústia e, então, viajar pela hierarquia para observar a experiência de cada estado e escutar cada história.

Aqui vai um exemplo da minha própria vida de olhar através dos olhos de cada um dos meus estados e sentir uma experiência de três maneiras muito diferentes. A experiência que escolhi explorar foi um momento em que derramei meu café numa manhã. Neste exemplo, observe que a história é simples, não está totalmente fora da minha experiência comum, não afeta minha segurança, nem tem um grande impacto na minha vida.

Nesta exploração, quero ter certeza de que estou primeiro me sentindo regulada e ancorada na segurança ventral. Então, começo a mergulhar na desconexão dorsal, e minha história se torna, "*Não vale a pena tentar*". Em seguida, chegando à mobilização simpática, a história que ouço é, "*Se eu me esforçasse mais, trabalhasse mais e prestasse mais atenção, talvez não fosse tão incompetente*". E finalmente, olhando através dos olhos da regulação ventral, a história agora se transforma em, "*Foi apenas um acidente e não um presságio sobre o meu dia*".

## Exploração:
## Ouvindo Três Histórias

Agora é sua vez. Comece escolhendo uma experiência pequena e comum sobre a qual você esteja curioso e que pareça um pouco desafiadora. Antes de começar sua experiência de escutar, primeiro encontre sua âncora no estado ventral. Use algumas das maneiras que você aprendeu em explorações anteriores para se sentir regulado e pronto para sintonizar e escutar com segurança (você pode retornar ao capítulo 2 e revisitar sua paisagem ventral, ir ao capítulo 6 para a prática "Conectando-se com Gatilhos" ou ao capítulo 7 e caminhar em sua escala ventral).

Viaje para a estrutura de base dorsal, na parte inferior da hierarquia. Olhe através dos olhos do seu sistema vagal dorsal e ouça por apenas um momento a história de sua experiência daquele lugar. Suba um degrau na hierarquia para o estado simpático. Sinta-se mobilizando com um pouco dessa energia. Olhe através dos olhos do seu sistema nervoso simpático. Como você ouve a história dessa experiência agora? Então, volte para o estado ventral no topo da hierarquia. Ancore lá, olhe através dos olhos do sistema ventral e ouça a história.

Observe como cada estado traz uma história muito diferente. Como escutar suas três histórias afeta sua experiência? Esta prática rápida de escuta oferece uma maneira fácil de trazer nossas diferentes histórias à consciência e lembrar que não precisamos ficar presos em um estado e sua história.

Desenvolver a habilidade de escutar histórias autônomas apoia o próximo passo na exploração da reconstrução de histórias. À medida que moldamos suavemente nossos sistemas de novas maneiras e nos aprofundamos nos padrões nutritivos de conexão, entramos em um momento de reconstrução. Este é um momento de chamar a atenção para as sutis mudanças autônomas que estão acontecendo e tecê-las em uma nova narrativa. Contamos histórias e ouvimos histórias de muitas maneiras diferentes, também por meio da arte, do movimento e das palavras, e cada um de nós tem suas maneiras preferidas de absorver, criar e compartilhar histórias.

Eu amo palavras. Usar palavras e brincar com elas parece seguro e algo que favorece a conexão para mim. O movimento é uma experiência muito mais desafiadora, que muitas vezes traz um teor de desconexão quando meu sistema dorsal ganha vida, e criar arte pode trazer uma resposta autônoma semelhante. Pesquisei amigos e colegas e descobri que termos nossos caminhos preferidos é uma experiência comum. Pense nas categorias de arte, movimento e palavras e sinta qual é a resposta do seu sistema nervoso autônomo. Em vez de escutar seu cérebro e a história cognitiva que ele conta, veja se você pode deixar seu sistema nervoso ser seu guia. O que seu sistema nervoso autônomo diz a você sobre suas maneiras preferidas de absorver, criar e compartilhar histórias, e quais são os caminhos que parecem um pouco desafiadores?

Quaisquer que sejam os caminhos que escolhermos, podemos experimentar com a escuta; faça uma pequena mudança e depois escute novamente para saber como a história foi moldada de uma nova maneira. Vou lhe oferecer maneiras de explorar isso usando movimento, imagens e palavras. Se uma dessas categorias parece demais para você agora, volte e explore-a mais tarde. Permanecer na experiência da expansão e do saborear é importante. Honrar sua sabedoria autônoma é essencial.

# Exploração:

## Movendo-se com a História

O movimento é uma maneira de vivenciar nossos estados de proteção e conexão, e as histórias que emergem de nossos estados têm seus próprios ritmos. Nós podemos atuar em um movimento ou ele pode ganhar vida apenas em nossa imaginação; em ambos os casos, o movimento é um caminho para moldar uma nova história.

### Trocando Padrões

Para começar esta exploração, retorne à memória de um momento em que você foi puxado para o desligamento dorsal ou à mobilização simpática e procure um movimento para representar esse padrão de proteção. Encontre uma maneira de se mover que retrate a sensação de estar preso naquele estado de sobrevivência, incapaz de encontrar uma saída. Pode ser um movimento parcial ou de corpo inteiro (veja meu exemplo em "Desprendendo-se", adiante). Comece apenas imaginando o movimento. Conforme você o imagina, seu sistema nervoso autônomo o sentirá, e seu córtex motor se juntará à experiência e começará a trazê-lo à vida para você. Imagine seu movimento e sinta como é estar preso naquele padrão. Agora tente fazer o movimento. Sente-se ou fique de pé e dê vida ao movimento. Se isso lhe parecer excessivo ou o aprofundar demais na experiência, e você cruzar a linha da expansão para o estresse, volte a imaginar o movimento. Se ele parecer seguro e administrável, execute a ação e sinta como seu corpo o traz para a experiência desse padrão de proteção. Ouça o que seu sistema nervoso estiver dizendo enquanto ouve a história que é trazida à vida com essa maneira específica de você se mover.

Agora, faça uma pequena mudança no padrão, em sua imaginação ou com uma ação. Mude o movimento e acomode-se no novo padrão. Para onde a pequena mudança o leva? Ouça a história que a acompanha. Se a mudança levou você da proteção para uma sensação de conexão e lançou-o no início de uma nova história de esperança, fique com esse novo movimento e sinta seu ritmo. Se a mudança não tirou você do seu padrão de proteção e da história que está ali, tente outra pequena mudança no movimento.

Experimente até chegar a um lugar onde sinta a energização da mudança e da possibilidade. Ouça o começo da nova história. Usando o novo movimento que o coloca em conexão, experimente se mover entre os padrões antigos e novos. Sinta a diferença em seu corpo e observe a mudança em seu estado. Aproveite a experiência de ser capaz de fazer a transição flexível entre os estados. Conforme você sente a diferença em seu corpo e percebe a mudança de estado, ouça a história que surge conforme você se move entre esses padrões.

## Desprendendo-se

Às vezes, ficamos presos em um padrão de proteção do qual parecemos não conseguir sair. Quando isso acontece, o movimento é uma maneira segura de explorar a experiência de estar preso, criar um novo padrão e convidar o início de uma nova história. Comece sua exploração encontrando um padrão de movimento que represente sua sensação de estar preso. Imagine ou represente o movimento e veja quais imagens e sentimentos emergem. Ouça a história que acompanha o padrão repetitivo.

Agora, mude o movimento de uma forma que o libere do padrão. Observe o que acontece com a imagem, os sentimentos e a história conforme você passa de estar preso para se desprender. Finalmente, mova-se entre os dois e sinta como seu estado muda conforme você viaja entre estar preso e se desprender.

Aqui está meu exemplo de estar presa e me desprender. Meu primeiro movimento foi um ciclo de passos para frente e para trás, para frente e para trás. Eu me imaginei naquele padrão e me vi em uma trilha, presa naquele ciclo sem fim. Eu senti a desesperança de não ter saída. Eu me levantei como se estivesse realmente naquele caminho e, enquanto repetia aquele movimento infinito de ir para frente e para trás, ouvi a história de estar presa, impotente para seguir em frente. E então eu simplesmente dei um passo para fora da trilha. Parei o movimento para frente e para trás e dei um passo para o lado. Saí do padrão e fiquei parada por um momento, absorvendo a sensação de não estar mais no meu antigo e desgastado caminho. Experimentei me mover entre o padrão para frente e para trás e o simples movimento de dar um passo para o lado. Repeti a sequência algumas vezes para sentir a mudança no meu corpo e perceber a mudança no meu estado. Comecei a escutar o início de uma história diferente na qual eu não era mais impotente.

## Aprofundando um Padrão de Conexão

O movimento também pode nos ajudar a ancorar mais profundamente na conexão. Recorde um momento em que você se sentiu ancorado no estado ventral e crie um padrão de movimento que represente esse estado de conexão, regulação e segurança. Encontre um movimento que traga à tona uma sensação de fluxo e possibilidade. Assim como seu movimento de proteção, esse movimento pode ser de corpo inteiro ou parte dele. Conforme seu sistema nervoso se ancora nesse movimento, sinta seu córtex motor se juntar à experiência e ganhar vida. Acomode-se no ritmo repetitivo do padrão. Agora, veja se você consegue tirar o movimento da imaginação e colocá-lo em ação. Novamente, se isso parecer demais para você e começar a levá-lo da expansão para o estresse, volte a imaginar o movimento. Não importa como você se conecte com essa maneira de se mover, deixe seu corpo lhe trazer a experiência de ser mantido neste padrão de conexão.

Agora, faça uma pequena mudança no padrão. Procure uma mudança que aprofunde a experiência e brinque com pequenas mudanças até chegar ao lugar que parece certo. Ouça a história de bem-estar que este movimento traz à vida. E agora recrie sua sequência de movimentos, sinta o aprofundamento que ocorre conforme você passa de um movimento para o outro e ouça a história que emerge dessa experiência.

## Exploração:

## Imaginando uma Nova História

Imagens facilitam a percepção e evocam mensagens poderosas. Até mesmo uma curta experiência de visualização de um minuto tem um impacto em nosso sistema nervoso autônomo.[1] Esta exploração usa nossa compreensão de como o sistema nervoso é moldado e o poder das imagens para criar uma nova história.

Siga estas etapas básicas para imaginar uma nova história:

1. Conecte-se com um estado de proteção ou conexão.
2. Crie uma imagem para representar o estado.
3. Escute a história que a imagem está lhe mostrando.
4. Altere a imagem, adicionando ou removendo um pequeno elemento.
5. Pare e veja o que acontece com sua experiência e sua história.
6. Repita o processo até sentir que chegou ao ponto em que se expandiu o suficiente, e qualquer coisa a mais o levará ao estresse.
7. Descanse com a nova imagem e ouça a nova história.
8. Passe um momento saboreando-a.

Quando você está explorando um estado de proteção, seja a mobilização simpática ou o desligamento dorsal, o objetivo é fazer mudanças sutis nas imagens para que a história que surja seja aquela que o leve em direção à segurança e à conexão. Quando você está explorando um estado de conexão, o objetivo é fazer mudanças sutis na imagem para aprofundar sua história de segurança.

Aqui está um exemplo recente da minha própria exploração de um lugar dorsal de desconexão, em que sigo os passos para imaginar uma nova história. Minha imagem começou com uma cena árida, sem nada vivo, em que as únicas cores eram tons de cinza. A história que acompanhava a imagem era a de eu ser invisível em um mundo hostil. A primeira coisa que adicionei foi uma pitada de cor com alguns tons sutis de azul. A história mudou um pouco, de um mundo hostil para um mundo adormecido. Adicionei uma pequena planta verde que estava apenas começando a brotar, e a história mudou novamente. Agora havia uma sensação de vida se agitando e parecia que o mundo estava começando a acordar. Parei aqui, sentindo que esse era o grau certo de expansão e qualquer coisa a mais me levaria ao estresse.

Experimente esta exploração você mesmo. Comece conectando-se com um momento de proteção ou conexão e dê vida a ele por meio de uma imagem. Adicione cor, sons, cheiros, uma sensação de energia e quaisquer outros elementos que completem a imagem. Quando sentir que a imagem está totalmente formada, ouça sua história.

Agora, faça uma pequena mudança na imagem. Mude um detalhe, uma coisa que pode trazer um pouco de energia reguladora. Qual é a história agora? Reserve um momento para escutar.

Altere mais um detalhe e ouça novamente. Como a história mudou agora? Continue brincando, mudando um pequeno detalhe e ouvindo a nova história. Lembre-se de que este processo de criação de uma nova história é de expansão, e não de estresse. Pare quando sentir que chegou ao limite da expansão e reflita sobre as maneiras como sua história mudou. Aprofunde o processo de recontar a história adicionando um momento de prática de saborear:

1. Esteja presente: concentre-se na nova imagem e na nova história.
2. Aprecie: sinta a riqueza de imagens e palavras.
3. Amplifique: permaneça na experiência por até trinta segundos.

## Exploração:
## Histórias com Palavras

A linguagem é uma parte essencial do que nos torna humanos. As palavras que escolhemos podem nos ajudar a sair de um padrão de proteção e melhorar nossas experiências de segurança e conexão. Mudar apenas uma ou duas palavras pode ter um impacto poderoso no estado do nosso sistema nervoso.

Podemos explorar o uso de palavras para moldar nossos estados e histórias com um processo simples de três etapas:

1. Escreva uma frase que ilustre uma crença sobre proteção ou conexão.
2. Mude a frase de alguma forma, substituindo uma palavra, retirando ou adicionando outra. Para uma crença sobre proteção, explore mudanças que mudem essa crença na direção da conexão. Por exemplo, "Relacionamentos são perigosos, e fico melhor sozinho", poderia ser reescrito como, "*Alguns* relacionamentos são perigosos, e *às vezes* estou melhor sozinho". Para uma crença sobre conexão, explore mudanças que movam a crença para um senso mais profundo de conexão. Por exemplo, "Estou ancorado em meu estado de segurança e conexão" pode se tornar, "Estou *firmemente* ancorado em meu estado de segurança e conexão".
3. Reflita sobre o que acontece com seu estado e sua história com as mudanças.

Experimente essa prática agora.

Comece escrevendo uma frase que descreva um estado de proteção com uma característica vagal dorsal. Mude uma(s) palavra(s) e escreva uma nova frase que mude seu significado para a possibilidade de conexão. Com sua nova frase, reflita sobre o que acontece com seu estado e sua história. Repita a prática escrevendo uma frase que dê vida a um estado de proteção carregado de energia do sistema simpático. Agora mude uma(s) palavra(s) e escreva a nova frase. Lembre-se, você está procurando palavras que mudem a crença na direção da conexão. Reflita sobre como isso afeta seu estado e sua história. Termine escrevendo uma frase inspirada por uma crença de segurança na conexão. Mude uma(s) palavra(s) e escreva uma nova frase que aprofunde a experiência. Reflita sobre como isso muda seu estado e transforma sua história.

Na prática simples de mudar apenas uma ou duas palavras, podemos escutar o início de uma nova história.

## A Experiência de Estar no Ponto Intermediário

A palavra "caos" vem da palavra grega *khaos*, que significa "espaço vazio" ou "o espaço que existe antes das coisas existirem". Refazer uma história é um processo de tornar-se algo que exige que naveguemos pela vulnerabilidade de estar no espaço intermediário entre dois pontos. Não estamos mais presos em uma história antiga, mas ainda não estamos ancorados em uma nova. Somos como o trapezista em pleno voo que largou uma barra e está voando pelo espaço em busca da barra seguinte. Quando nos movemos para esse espaço intermediário, damos um salto de fé e alcançamos o que vem a seguir. Conheci bem esse processo ao longo da minha vida, dando muitos saltos e fazendo aterrissagens. Pare por um momento e pense em alguns dos saltos que você deu em sua vida. Como na minha, alguns provavelmente tiveram aterrissagens mais suaves do que outros.

## Exploração:

## Saltos e Aterrissagens

Tenho certeza de que todos temos muito mais saltos e aterrissagens para dar. Para ajudar a orientar esse processo, podemos seguir quatro etapas para a nova história: (1) observar onde estou agora, (2) deixar ir embora, (3) dar um salto e (4) aterrissar com segurança.

### Observando Onde Estou Agora

Comece pensando em um padrão em que você está que pareça não estar nutrindo seu sistema nervoso; um padrão que venha de um estado de sobrevivência. Dedique um tempo para estar com essa consciência e compreenda como esse padrão de proteção funciona. Use seu diário para registrar as coisas que deseja anotar sobre o que encontrar.

## Deixar Ir Embora

Comece a considerar como seria deixar de lado seu padrão. Imagine sair desse padrão. Ao se ver fazendo isso, procure suas preocupações, completando a frase: "Se eu saísse desse padrão, então eu ______________________". Repita isso algumas vezes até sentir que tem uma compreensão completa das preocupações que podem atrapalhar. Depois de identificá-las, use a mesma frase: "Se eu saísse desse padrão, então eu ______________________" para encontrar a esperança. Novamente, use esta frase várias vezes para sentir as maneiras como a esperança pode ajudá-lo a deixar o padrão ir embora. Termine observando o que acontece em seu sistema nervoso enquanto você se imagina deixando o padrão ir embora.

## Dando o Salto

Use as informações que você reuniu até agora e imagine-se dando realmente um passo para fora de seu padrão familiar, em direção ao desconhecido. Pode ser que você só consiga ver o primeiro degrau da escada, ou que veja uma ponte e não saiba para onde ela o levará. Ou talvez você possa se ver como um trapezista voando pelo ar. Ao se imaginar dando um salto, lembre-se de que você ainda não sabe para onde está indo; você apenas sabe que está pronto para sair de um antigo padrão de sobrevivência adaptável. Traga energia vagal ventral reguladora apenas o suficiente para dar suporte a esse avanço, e então se veja dando o salto que o levará a um lugar novo, mas ainda desconhecido. Use seu diário para registrar a experiência de dar esse salto.

## Aterrissando com Segurança

Finalmente, veja-se pousando em um novo território. Você não precisa enxergar todos os elementos deste novo lugar. Sinta seu sistema vagal ventral amparando você em segurança e acolha a curiosidade que vem junto com isso. Não há problema em estar neste lugar de não saber. Olhe ao redor por esse novo lugar onde pousou e registre o que encontrar.

Agora volte e revise o que você encontrou em cada um dos quatro passos. Sinta os estados, as mudanças de estado e as formas pelas quais você está expandindo seu sistema ao longo da história. Há suficientes indícios de segurança para você imaginar seguir adiante? Você pode voltar a qualquer momento e revisitar os passos de salto e aterrissagem, e adicionar alguns elementos que tragam mais conexão à regulação ventral. Retorne a este processo de quatro etapas sempre que reconhecer que está em um processo de reconstrução da história, movendo-se para o espaço intermediário entre os pontos, ou use as etapas como recurso para começar a considerar dar um salto.

Eu gostaria de terminar este capítulo com uma história sobre mudança. Entrelaçados na escrita, você encontrará os quatro passos da exploração de "Saltos e Aterrissagens", vislumbres dos raios de sol e o poder da corregulação previsível (os animais) para criar a segurança necessária para você avançar para uma nova história.

## A Jornada

Era uma vez, há muito tempo, uma jovem mulher que partiu em uma jornada. Como todas as mulheres de sua família, ela carregava uma canoa pesada nas costas enquanto caminhava. O caminho era rochoso e muitas vezes ela sentiu vontade de desistir. A cada vez que ela resolvia que não conseguiria continuar, um pequeno raio de sol a alcançava e aquecia um pouco seu coração. Finalmente, ela chegou às margens de um rio caudaloso. Parecia perigoso e impossível de atravessar, mas ela conseguia ver do outro lado um lindo campo verde. "Se eu pudesse alcançar o campo", ela pensou, "eu poderia descansar em segurança".

A jovem lançou a canoa na água, com coragem, e foi levada pela correnteza. Ela lutou muito, mas não era forte o suficiente para vencer o rio. Ela se deixou levar pela correnteza e foi carregada rio abaixo por muitos quilômetros, até que finalmente agarrou o galho de uma árvore que se estendia por sobre o leito do rio. Ela se agarrou ao galho, e reuniu força suficiente para puxar a si mesma e a canoa para fora do rio. Descansou nas margens do rio, encolhida sob a canoa para se proteger. Ela sabia que não poderia permanecer sob a canoa para sempre e queria ver o mundo naquele lado do rio. Então a mulher novamente colocou a canoa nas costas e começou a andar. Enquanto subia colinas e atravessava vales, ela conheceu muitos animais amigos, e eles perguntaram por que ela estava carregando uma canoa. Ela disse que era o que as mulheres de sua família faziam e que ela precisava dela para cruzar o rio.

Os animais disseram a ela que não havia mais rios naquela parte do país e que ela seria mais capaz de explorá-la sem a canoa pesada em suas costas. A jovem largou a canoa e tentou andar alguns passos sem ela, mas, a cada vez que se afastava, voltava a pegar a canoa novamente. Ela simplesmente não conseguia se imaginar sem ela. Era tão estranho não carregar aquela carga pesada...

Muitos quilômetros se passaram e a jovem chegou a uma montanha. A promessa de um lindo campo cheio de flores estava do outro lado. Mas como ela poderia escalar a montanha com uma canoa nas costas? Ela poderia confiar nos animais que lhe disseram que ela não precisaria mais daquela canoa? Ela poderia imaginar uma vida sem carregar a canoa nas costas? Os animais se sentaram com ela e esperaram enquanto ela pensava.

Ela tinha viajado tanto, e tinha sido uma jornada tão difícil... Ela queria muito chegar ao campo. Os animais ficaram com ela desde o momento em que os encontrou pela primeira vez. Talvez ela realmente pudesse confiar que eles continuariam com ela e acreditar no que estavam lhe dizendo. Talvez ela realmente não precisasse mais da canoa. Talvez fosse hora de deixá-la para trás. Ela sempre seria uma parte de sua memória, mas ela sabia que não poderia levá-la consigo montanha acima.

A jovem chorou enquanto colocava a canoa no chão. Ela havia tentado tantas vezes antes. Será que desta vez seria diferente? Os pequenos raios de sol que aqueciam seu coração agora se transformaram em um facho de luz solar. Ela tinha seus amigos animais para viajar com ela. Ela sabia que escalar a montanha seria difícil, mas já havia escapado do rio furioso e sobrevivido a muita coisa. A jovem tocou a canoa uma última vez e então se virou para encarar a montanha, e ela e seus companheiros animais começaram a escalar.

# 10

# Experiências Autotranscendentes

E então, no final deste dia, agradecemos por
estarmos noivos do desconhecido.

JOHN O'DONOHUE,
*TO BLESS THE SPACE BETWEEN US*

A palavra "transcendente" vem do latim *scandere*, que significa "escalar", e do prefixo "trans-", que significa "além". Uma experiência autotranscendente nos leva além do comum e nos transporta através de uma fronteira. Nesses momentos, nós nos movemos para além do nosso eu singular, para um profundo senso de interconexão. Sentimos uma sensação de unidade com as pessoas e com o planeta. Esses são momentos comumente vivenciados, não importa qual seja nossa cultura ou onde vivamos. Experiências autotranscendentes de admiração, gratidão, compaixão, elevação e quietude têm suas raízes no sistema nervoso autônomo. Quando entendemos como o sistema nervoso autônomo está envolvido nesses momentos poderosos, podemos absorvê-los mais completamente e criar as condições que dão suporte à conexão contínua com momentos de transcendência.[1]

## Cheios de Admiração

Um sentimento de admiração traz uma sensação de maravilha e estimula nossa curiosidade, tirando-nos da nossa vida cotidiana e levando-nos a um momento de reverência ou profunda apreciação. Em um momento de admiração, sentimos uma conexão de inspiração ventral, primeiro com nós mesmos e, depois, com o exterior, com os outros, o mundo e o espírito. Alguns dos benefícios da admiração incluem o desejo de explorar o mundo físico, um interesse maior em estender a mão e ajudar os outros, uma redução da inflamação física e uma maior sensação de bem-estar.[2]

Em um momento de admiração, experimentamos estar na presença de algo vasto que transforma nossa experiência do mundo. Nós nos sentimos pequenos e conectados a algo muito maior do que nós, e nossa velha maneira de pensar não se encaixa mais nisso. Sentimo-nos humildemente gratos por nosso lugar no mundo e cheios de admiração. Até mesmo nossa experiência do tempo muda, de concreta e limitada, para expansiva e atemporal. A admiração em seu primeiro despertar é uma experiência solitária, o que faz dela algo disponível a todos nós, mesmo quando estamos sozinhos, seja por escolha ou pelas circunstâncias. É depois de aproveitarmos o momento sozinhos que muitas vezes somos movidos a nos abrir e compartilhar nossa experiência com os outros.

Momentos de admiração são experiências verdadeiramente autônomas.

A admiração é encontrada em momentos extraordinários. Encontramos algo que nos faz parar, um momento tão inspirador que ficamos impressionados. Eu experimentei um momento assim quando fiquei no centro do círculo de pedras, em Stonehenge. Você consegue se lembrar de um momento em que ficou impressionado? A admiração também pode ser encontrada em experiências cotidianas: um pássaro cantando, uma flor desabrochando no jardim, uma peça musical tocando. Momentos de admiração são abundantes em nosso mundo cotidiano. Como você os reconhece? Esteja atento aos momentos de maravilhamento, de espanto ou de reverência.

Somos atraídos para os lugares em que experimentamos admiração. Eles se tornam nossos ambientes de admiração. São os lugares para os quais podemos retornar com facilidade e encontrar previsivelmente um momento de admiração. Eu moro no litoral, e um dos meus ambientes de admiração é caminhar na praia. Outro é ficar do lado de fora de casa, antes do amanhecer, olhando para as estrelas e, então, vendo a primeira luz no céu. Nestes momentos simples, em lugares que estão ao meu alcance, eu me conecto com a grandiosidade da vida diária. Qual é o lugar para o qual você pode retornar facilmente e encontrar um momento de admiração? Procure um lugar no mundo natural onde possa sentir que é um ser conectado a uma comunidade de seres e ao planeta. Depois de encontrar um ambiente de admiração, comece a convidar a admiração para sua vida regularmente.

Assim como o sistema nervoso é moldado em pequenos momentos que se repetem ao longo do tempo, parece que pequenos momentos de admiração se somam e preveem o bem-estar no futuro. Momentos de admiração são experiências verdadeiramente autônomas. Mantenha a intenção de se conectar com a admiração diariamente. Uma intenção de admiração que escrevi recentemente foi: "Toda manhã, quando eu acordar, vou lá fora encontrar a Ursa Maior". Escreva sua intenção para se conectar com os momentos cotidianos de admiração que estão ao seu redor.

## Um Sentimento de Gratidão

A gratidão pode ser considerada uma apreciação pelo que é valioso e significativo para nós. É uma experiência de se sentir grato. A gratidão é um sentimento corporal, e uma ação que tomamos, e, assim como a admiração, a gratidão está ligada ao sistema vagal ventral. Fisicamente, quando entramos em um momento de gratidão, nossos ritmos cardíacos mudam, nossa pressão arterial cai, nossa função imunológica melhora, nosso estresse é reduzido e dormimos mais e mais profundamente. Psicologicamente, nós nos sentimos mais alegres, mais vivos, mais generosos, mais compassivos e mais conectados aos outros. Experimentamos mais satisfação com a vida e menos esgotamento.[3] Essas experiências físicas e psicológicas são resultados de estarmos ancorados no estado ventral.

A gratidão é uma experiência de conexão. É uma emoção que existe no relacionamento com os outros e que nos leva a querer aprofundar esses relacionamentos. Tornamo-nos conscientes de receber bondade e conscientes de que esses presentes de bondade vêm de outro ser humano. Quando sentimos gratidão, somos então movidos a querer oferecer um presente de bondade em troca. A gratidão traz os elementos de reciprocidade vivos em nossa conexão com os outros e cria um ciclo de feedback positivo. Reflita sobre um momento de gratidão. Sinta a sensação de reciprocidade e o fluxo de energia ventral na experiência de oferecer e receber bondade. Podemos nos envolver em uma infinidade de práticas de gratidão, de reconhecer nossas bênçãos até manter um diário de gratidão, orar ou dizer um simples obrigado a alguém. O que todas as práticas de gratidão têm em comum é que elas emergem de um estado vagal ventral de segurança e da atração do sistema nervoso em direção à conexão. Quando penso em práticas de gratidão, penso no efeito de ondas circulares que ocorre quando jogamos uma pedra na água. Um momento de gratidão, um simples ato de bondade, espalha-se e alcança os outros um a um, espelhando os círculos de conexões vagais ventrais que se movem pelo mundo.

## Adiantando a Reciprocidade

"Elevação" pode não ser um termo com o qual você esteja familiarizado, mas é uma experiência que provavelmente você já teve muitas vezes na vida. Elevação é o sentimento inspirador que experimentamos quando presenciamos atos inesperados de bondade humana, gentileza, coragem ou compaixão. Quando somos movidos nessa direção, encontramos uma resposta dupla: o desejo de ajudar os outros e o de nos tornarmos uma pessoa melhor. Olhando para essa resposta através das lentes do sistema nervoso autônomo, a experiência de elevação ativa os circuitos ventral e simpático.[4] O sistema simpático traz energia mobilizadora, enquanto o sistema ventral, por meio das ações do freio vagal, traz regulação e infunde nossas ações com compaixão. Somos tocados por uma experiência e então movidos a oferecer um ato de gentileza a outra pessoa. Por meio da elevação, quando vemos uma boa ação, queremos nos tornar um praticante de boas ações.[5]

Oportunidades para experimentar momentos de elevação estão por toda nossa volta. Somos tocados por notícias que mostram alguém fazendo uma boa ação. Relatos de pessoas que fizeram coisas extraordinárias nos levam a querer fazer algo bom também. Lembre-se de uma ocasião em que você foi tocado dessa forma, um momento em que experimentou elevação. Como você foi afetado por essa experiência e o que foi movido a fazer em seguida? Atos inesperados de bondade, gentileza, coragem ou compaixão acontecem ao nosso redor, muitas vezes sem que paremos para perceber. Assim como a prática da gratidão, a elevação envia ondas para o mundo, mudando-o uma ação de cada vez. No entanto, em vez de nos inspirar a responder diretamente ao ato que testemunhamos, a elevação nos estimula a nos expandirmos para o mundo e retribuir. Escreva uma frase com a intenção que o ajudará a estar aberto para enxergar atos de bondade, para ser uma testemunha da bondade e, depois, tornar-se um praticante de boas ações.

## Conexões Compassivas

O arcebispo Desmond Tutu escreveu uma vez: "Todos nós fomos feitos para a bondade, o amor e a compaixão. Nossas vidas são transformadas tanto quanto o mundo quando vivemos com essas verdades". Se empatia é sentir o sofrimento de alguém, então uma maneira de pensar sobre compaixão é a empatia em ação. Eu vejo seu sofrimento, eu sinto seu sofrimento e, então, sou movido a querer ajudar de alguma forma. A compaixão combina uma resposta emocional com um desejo de ajudar. E assim como somos programados para estar em conexão uns com os outros, somos programados a ter o impulso de ajudar, com compaixão instintiva. Pesquisas mostram que a compaixão faz parte da nossa natureza humana. Tanto oferecer como receber compaixão trazem benefícios para o nosso bem-estar. Experimentamos um risco reduzido de doenças cardíacas, nossa resposta imunológica é fortalecida e temos uma resistência aumentada ao estresse.[6]

Lembre-se de uma época em que você sentiu compaixão, quando sentiu alguém sofrendo e foi movido a querer ajudar. Ao revisitar esse momento, sinta a energia do seu sistema vagal ventral. E agora lembre-se de uma época em que você recebeu um gesto compassivo de alguém e sinta novamente a energia do seu sistema vagal ventral. O vago ventral é parte integrante da experiência de oferecer e receber compaixão. Por isso, o vago às vezes é chamado de nervo da compaixão. Se permanecermos cronicamente em um estado de mobilização simpática ou colapso vagal dorsal, perdemos nossa capacidade de compaixão. É somente quando somos mantidos na energia da conexão, quando estamos ancorados em nosso sistema vagal ventral, que temos a capacidade de compaixão. Só então podemos ver alguém sofrendo, sentir seu sofrimento, estar com ele e estender a mão para oferecer apoio.

Se permanecermos cronicamente em um estado de mobilização simpática ou colapso vagal dorsal, perdemos nossa capacidade de compaixão.

Podemos desenvolver uma capacidade de compaixão maior. Uma das maneiras de se fazer isso é fortalecer nossa capacidade de estar em um estado de regulação vagal ventral. Todas as práticas nas seções anteriores que o ajudam a se ancorar no sistema ventral também dão apoio à sua capacidade de compaixão. Definir uma intenção de compaixão é uma maneira de fornecer recursos para essa capacidade. Lembrando que a compaixão só é possível quando estamos em um estado vagal ventral, encontre seu caminho para seu lar ventral e ancore lá. Desse lugar de segurança e conexão, escreva sua intenção de compaixão. Uma prática de criar intenções de compaixão aumenta nossa capacidade de ser compassivos; então escreva uma nova intenção regularmente.

Quando olhamos através dos olhos da compaixão, somos capazes de ver alguém que está lutando e não emitir um julgamento moral sobre a pessoa. Ela não é má ou corrompida; a pessoa está presa em um estado de sobrevivência adaptável. Entendemos que seu sistema nervoso autônomo a levou da conexão para a proteção, e podemos sentir compaixão por essa experiência. Nós experimentamos o que é ser sequestrado por um estado.

Perceber que todos nós temos um sistema nervoso que é conectado fundamentalmente da mesma forma é um ponto de partida para desenvolver compaixão por membros da família e amigos ao nosso redor que, às vezes, desafiam nossa capacidade de conexão, e pelas pessoas no mundo que pensam, sentem e agem de maneiras diferentes das nossas. Reconhecer nossas semelhanças é uma base para a compaixão. A prática de compaixão abaixo, "Assim como Eu", é uma maneira útil de colocar essa consciência em ação.

## Exploração:

## Assim como Eu

Esta prática nos ajuda a passar de um senso de "eu" para um senso de "nós" usando declarações que reconheçam não nossas diferenças, mas nossas semelhanças. Outra pessoa tem um corpo, uma mente, sentimentos e pensamentos, sofreu e experimentou alegria, e quer ser saudável e se sentir amada, assim como eu.

Podemos usar esta prática para ver como outros sistemas nervosos autônomos são ordenados, organizados e ativados de maneiras semelhantes às nossas. Imagine que essas frases são sobre um amigo e observe o que acontece com você enquanto as lê.

Assim como eu, essa pessoa vivencia momentos de conexão e momentos de proteção.

Assim como eu, essa pessoa responde a sinais de segurança e sinais de perigo.

Assim como eu, essa pessoa pode se desconectar e desaparecer.

Assim como eu, essa pessoa pode se sentir perigosa.

> Assim como eu, essa pessoa pode ser calorosa e acolhedora.
>
> Reserve um momento e reflita sobre essas frases e suas respostas autônomas. Quais foram seus estados? Quais foram suas histórias?

Agora, imagine que essas frases são sobre alguém que não é seu amigo, com quem você não se sente conectado ou com quem você pode até ter um conflito.

> Assim como eu, essa pessoa vivencia momentos de conexão e momentos de proteção.
>
> Assim como eu, essa pessoa responde a sinais de segurança e sinais de perigo.
>
> Assim como eu, essa pessoa pode se desconectar e desaparecer.
>
> Assim como eu, essa pessoa pode se sentir perigosa.
>
> Assim como eu, essa pessoa pode ser calorosa e acolhedora.

O que aconteceu dessa vez? Quais estados você vivenciou e quais histórias ouviu?

Em seguida, escreva suas próprias frases que reconheçam as maneiras naturais pelas quais todos nós nos regulamos, entramos em respostas de sobrevivência, descansamos em um estado de conexão e podemos ser puxados para a proteção. Escreva quatro ou cinco frases, escolhendo as similaridades autônomas que você quer reconhecer. Use suas frases e imagine que elas estão descrevendo alguém próximo a você. Leia cada frase e mantenha essa pessoa em sua consciência. Observe sua resposta autônoma e as histórias que surgem. Agora, escolha alguém que não seja um amigo e leia suas frases com essa pessoa em mente. Observe como seu sistema nervoso responde e as histórias que surgem.

Retorne a essa prática com frequência. Você pode escrever novas declarações para aprofundar sua conexão com pessoas próximas e explorar como seria se conectar com pessoas com quem você está tendo uma relação difícil.

O sistema nervoso autônomo é o denominador comum em nossa experiência humana. Ele nos permite ver os outros da mesma forma como nós mesmos somos. Nossa capacidade de compaixão é baseada em nossa capacidade de estar em um estado de regulação vagal ventral e pode aumentar com tempo e prática. À medida que nossa capacidade de ancorar no sistema ventral se aprofunda, nossa capacidade de compaixão também se aprofunda.

## Perdão

A compaixão tem um parceiro natural, o perdão. Com compaixão, é possível ver além do mal que alguém nos fez e enxergar sua humanidade. A compaixão abre a porta para entrarmos no perdão. Perdoar não é esquecer, é lembrar de um estado de regulação vagal ventral. Quando permanecemos implacáveis, nosso sistema nervoso autônomo se apega à experiência com um estado de sobrevivência simpática ativado. Lembrar traz a experiência à vida novamente, não apenas em nossas mentes, mas também em nossa biologia. Nós nos beneficiamos da proteção autônoma do perdão e sofremos com os riscos autônomos da falta de perdão. Oferecer e receber perdão estão ambos ligados a um sistema nervoso regulado.[7] O perdão está associado à diminuição da ansiedade e da depressão e a taxas menores de doenças cardiovasculares. Quando permanecemos em um estado de atitude implacável, lembrar do mal que sofremos ou pensar na pessoa que nos prejudicou ativa nossa sobrevivência simpática.[8] Quando entramos no perdão, interrompemos a desregulação autônoma que acompanha a falta dele.

Pense em estar em um estado de falta de perdão com alguém e imagine que você e essa pessoa estão segurando duas pontas de uma corda tóxica. Observe como seu corpo responde a essa imagem. Essa conexão impede que você encontre o caminho de volta para sua âncora na regulação. Agora, imagine largar sua ponta da corda tóxica. Saia dessa conexão implacável. Ao olhar para a outra pessoa, lembre-se de que ela ainda está segurando sua ponta da corda tóxica e precisa fazer seu próprio trabalho para perdoar ou fazer as pazes e receber o perdão. Veja se você sente o surgimento da compaixão e uma habilidade inicial de perdoar. Apenas imaginar o perdão inicia o movimento em direção ao bem-estar. Mesmo que o pensamento de passar da falta de perdão para o perdão pareça um salto muito grande neste momento, mantenha o pensamento de que no futuro será possível encontrar o caminho para os benefícios do perdão.

## Seguramente Quieto

Embora a quietude possa não ser normalmente considerada uma experiência autotranscendente, eu a incluo neste capítulo porque acredito que ela nos tira de nossa experiência comum e nos leva a um lugar onde sentimos uma profunda sensação de conexão. Eckhart Tolle, em *O Poder do Agora*, escreve: "Na quietude de sua presença, você pode sentir sua própria realidade, sem forma e atemporal... Você olha para além do véu da forma e da separação. Esta é a realização da unidade".

A capacidade de ficar quieto sem estimular uma resposta de sobrevivência é um processo complicado e desafiador. Este trecho do poema *After a Blizzard*, do poeta Gary Whited, coloca palavras na luta que muitos de nós temos para nos agarrar a um momento de quietude.

*In this arc of snow*
*now hanging over the creekbank*
*in the windless air,*
*a stillness so silent and at rest*
*I could not hold it*

(Tradução livre:
"Neste arco de neve
agora pairando sobre a margem do riacho

no ar sem vento,
uma quietude tão silenciosa e em repouso
que eu não consegui segurá-la")

Novamente nos voltamos para o sistema nervoso para começar a explorar a chegada à quietude. Biologicamente, a quietude é uma mistura de estados autônomos onde os dois ramos do vago, o dorsal mais antigo e o ventral mais recente, trabalham juntos para que possamos nos imobilizar sem medo. O estado ventral nos traz à vida e à conexão com paixão, tranquilidade e calma, enquanto o estado dorsal traz a sobrevivência através do entorpecimento e colapso. É somente quando esses dois caminhos vagais — a antiga energia da imobilização e a nova energia da conexão — se juntam que podemos experimentar ficar quietos com segurança.

## Exploração:
## Encontrando a Quietude

Quando experimentamos segurança na quietude, podemos nos sentir confortáveis com o silêncio, envolver-nos na autorreflexão, sintonizar com outra pessoa e encontrá-la em uma conexão sem palavras, e estar presentes na alegria de experiências íntimas. Cada um tem sua própria maneira de descrever a experiência da quietude. Pode ser silêncio, solidão ou presença. Encontre as palavras que se encaixam para si.

Explore suas experiências de quietude. Escreva uma declaração de quietude que crie uma queda no colapso dorsal, outra que traga uma onda de energia simpática e outra que o convide a uma conexão segura com um momento de silêncio. Por exemplo: "Se eu ficar parado, desapareço. A quietude é assustadora, e preciso ficar longe dela. Quando entro em um momento de quietude, a sensação de silêncio me nutre".

Para cada um de nós há certas pessoas e relacionamentos que nos convidam a sentar em um silêncio amigável e nos conectar em quietude. Há alguém em sua vida com quem você se sinta seguro para ficar quieto? Reflita sobre o que há nesse relacionamento que cria as condições de segurança necessárias para compartilhar um momento de quietude.

Certos lugares em nossas vidas diárias nos trazem a oportunidade de entrar em um momento de silêncio com segurança. Identifique as qualidades que o convidem à quietude em um certo lugar. Considere se você é atraído por um lugar que seja silencioso ou ofereça certos sons. Pode ser um lugar onde você possa ficar sozinho ou um lugar onde você esteja com outras pessoas, um espaço fechado, ou externo na natureza. Ouça seu sistema nervoso autônomo enquanto explora ambientes que ofereçam uma oportunidade para a quietude. Procure um lugar ao qual seja fácil retornar e onde você possa encontrar regularmente um momento de silêncio.

Todos nós temos certos momentos em que podemos encontrar silêncio mais facilmente. Às vezes, é uma certa hora do dia, ou um certo dia da semana. Às vezes, o silêncio aparece quando estamos envolvidos em uma atividade que o oferece naturalmente. Olhe ao redor em sua vida diária e veja se você consegue encontrar esses convites.

Finalmente, é necessário saber quando precisamos de um momento de quietude. Para isso, precisamos sintonizar e ouvir as indicações que nossos sistemas nervosos autônomos estão enviando. Ao pensar sobre suas necessidades pessoais de silêncio, quais sinais sugerem que você está ansiando por um momento de silêncio ou solitude?

Quando você conhece as pessoas, os lugares e os horários que oferecem oportunidades para ficar em silêncio em segurança e os sinais que lhe permitem saber que precisa de um momento de solidão, você tem as informações necessárias para criar um plano para adicionar momentos de silêncio à sua vida. Por meio da prática de entrar em quietude, você começa a moldar seu sistema de novas maneiras, e sua capacidade de ficar quieto com segurança se aprofunda. Cada momento de quietude é um momento que nutre seu sistema nervoso.

## Benevolência

A benevolência se encaixa bem com as experiências transcendentes que exploramos neste capítulo. No dicionário, a benevolência é definida como um ato de bondade. Em nossa exploração autônoma, benevolência é o uso ativo, contínuo e intencional da energia vagal ventral a serviço da cura. Gostaria de encerrar este capítulo oferecendo a você minha meditação de benevolência, do meu livro *The Polyvagal Theory in Therapy*.

### Meditação de Benevolência

Mude da atenção ao exterior para a conexão interna. Encontre o lugar dentro do seu corpo onde sente a ativação da energia vagal ventral. Pode ser no seu coração, no seu peito, no seu rosto, atrás dos seus olhos ou em algum outro lugar exclusivo do seu sistema. Sinta o lugar onde sua energia de gentileza nasce e acomode-se nesse espaço por um momento. Junte-se ao fluxo de energia vagal ventral enquanto ela se move por todo o seu corpo. Talvez surja uma sensação de calor se espalhando. Talvez seu coração pareça estar se expandindo ou seu peito pareça estar preenchido. Pode haver um formigamento nos olhos ou um aperto na garganta.

Reserve um momento para se familiarizar com sua experiência pessoal desse fluxo vagal ventral. Pare e saboreie esse estado.

E agora imagine usar essa energia a serviço da cura. Sinta o poder desse estado para manter outra pessoa ou outro sistema em cuidado e compaixão. Visualize as muitas maneiras pelas quais você pode usar ativamente esse estado para moldar o mundo. Talvez você esteja segurando um ente querido em seu fluxo de energia vagal ventral para aliviar seu sofrimento. Ou talvez você seja a pessoa com um sistema vagal ventral ativado, em meio à desregulação. Reserve um momento para reconhecer as pessoas em sua vida e os lugares em seu mundo que precisam de sua presença vagal ventral. Imagine entrar nessas conexões a partir do seu estado de abundância vagal ventral.

Por meio da oferta ativa, contínua e intencional de energia vagal ventral, você é um farol de gentileza, generosidade, bondade, compaixão, amizade e humanidade comum. Crie uma intenção de irradiar benevolência.

# 11

# Cuidando do Sistema Nervoso

Todos nós temos as sementes do amor dentro de nós.

THICH NHAT HANH

Até este ponto, exploramos como o sistema nervoso autônomo funciona e como começar a moldá-lo de novas maneiras em direção à segurança e à conexão. Neste capítulo, passaremos de estar presentes para cuidar e examinaremos maneiras de nutrir nosso sistema nervoso. Saber o que nos nutre e tomar medidas para nos conectar com essas coisas faz parte da experiência contínua de bem-estar que é possível quando estamos ancorados no estado ventral.

## Sintonizando, Absorvendo, Cuidando

Uma das maneiras de nutrir nosso sistema nervoso é com as etapas de sintonizar, absorver e cuidar. Sintonizar e receber são experiências de conectar e escutar, enquanto cuidar usa uma ação conjunta baseada no que aprendemos do conectar e do escutar. Temos a intenção de sintonizar o que está acontecendo em nosso sistema não apenas para perceber o movimento em direção à sobrevivência, mas também para reconhecer quando estamos ancorados com segurança no estado ventral. Escutamos o que nossa neurocepção está dizendo, captamos os gatilhos de segurança e perigo e vemos o que é necessário para encontrar nosso caminho para a regulação ou aprofundar a experiência de estarmos ancorados na segurança.

E, finalmente, cuidamos das necessidades presentes realizando uma ação. Tente fazer isso agora:

> Sintonize-se: observe em que estado você está. Sintonize-se com o teor desse estado.
>
> Absorva: quais são as indicações de segurança e perigo que você encontra? Quais informações sua neurocepção está enviando?
>
> Cuide: com as informações que você tem agora, que ação pode tomar que o levará em direção à segurança e à regulação do seu sistema ventral ou o ajudará a ancorar mais profundamente lá? O que seu sistema nervoso precisa para se sentir nutrido neste momento?

Por meio das etapas simples de sintonizar, absorver e cuidar, reunimos as informações necessárias para criar uma ação fortalecedora. Estabeleça a intenção de praticar isso regularmente. Ao definir intenções, é necessário encontrar o grau certo de desafio para o sistema nervoso. Muitas vezes temos o desejo de fazer algo novo, mas definimos expectativas irrealistas para colocar isso em prática. Quando nossos cérebros não estão alinhados com os sistemas nervosos autônomos, nossas intenções podem criar sinais de perigo e desligar nossa capacidade de engajamento em vez de criar sinais de segurança e expandir o sistema. Defina uma intenção que traga o grau certo de desafio. Quando pensa em se envolver com essa prática, com que frequência acha que deveria fazê-lo no início? Uma vez por hora? Três vezes por dia? Uma vez por dia? Uma vez por semana? Escreva sua intenção e então leia e veja como seu sistema nervoso responde. Você encontra um "sim" inspirado no vagal ventral, uma sensação simpática de que é demais e traz ansiedade e resistência, ou uma sensação dorsal de que é irreal, que desencadeia uma perda de esperança? Quando estabelecemos uma intenção e definimos uma meta para nossa prática sem fazer um acordo que inclua o sistema nervoso autônomo, muitas vezes não seguimos adiante — não porque não queiramos, mas porque nossa biologia não nos apoia.

Reveja seu plano da forma necessária para dar base à sua intenção. Escreva sua intenção em parceria com o sistema nervoso para criar um plano que permaneça no lado da expansão da escala da expansão ao estresse. Lembre-se, uma vez que cruzamos o ponto médio para o lado do estresse, nosso sistema se fecha à mudança. Quando a equação de conexão/proteção se inclina mais para sinais de perigo do que de segurança, somos incapazes de seguir adiante.

Com seu novo plano para sintonizar, absorver e cuidar do que criou por meio dessa colaboração cérebro-corpo, veja se você é capaz de seguir sua intenção. Ela precisa capturar e manter seu interesse. Da mesma forma que os desafios em nossas vidas diárias vêm e vão, a capacidade de nos envolvermos com uma prática também diminui. Monitore sua capacidade de seguir adiante e revisite e revise sua intenção para se adequar à sua experiência de mudança. À medida que você avança com qualquer definição de intenção, use este processo para encontrar e seguir o grau certo de desafio para seu sistema nervoso.

## Flexibilidade e Resiliência

Flexibilidade e resiliência andam de mãos dadas. Um sistema flexível é um sistema resiliente, e um sistema resiliente é um sistema flexível. Precisamos lembrar que o bem-estar não é definido por um sistema nervoso que esteja sempre em regulação. Um sistema nervoso que traz qualidades de bem-estar ainda desregula, mas em vez de permanecer preso em uma resposta de sobrevivência, ele encontra seu caminho de volta à regulação por meio da flexibilidade e resiliência. O que você já vivenciou hoje? Pense nas grandes mudanças que o levaram de um estado para outro e nos movimentos mais sutis que aconteceram dentro de um estado. Reserve um momento para refletir sobre a jornada autônoma que o trouxe a este momento no tempo.

Precisamos lembrar que o bem-estar não é definido por um sistema nervoso que esteja sempre em regulação.

À medida que nutrimos nosso sistema nervoso e criamos mais capacidade para a energia vagal ventral, nós reagimos, retornamos à regulação e refletimos sobre a experiência. Tente estas três etapas com um momento do seu dia.

1. Reaja: traga à tona um momento que teve alguma intensidade para si. Considere a forma como você reagiu. Para onde seu sistema nervoso o levou?
2. Retorne à regulação: lembre-se da sensação de retornar à regulação e ancorar-se nela.
3. Reflita: gaste um tempo relembrando a experiência. O que você pode aprender com a maneira pela qual seu sistema nervoso respondeu?

Se olharmos para a resiliência através das lentes do sistema nervoso autônomo, observaremos as qualidades de frequência (com que frequência somos retirados da conexão e lançados na proteção), intensidade (a força da resposta de sobrevivência) e duração (quanto tempo somos mantidos em estados simpáticos ou dorsais antes de encontrarmos nosso caminho de volta à regulação ventral). Precisamos lembrar que nosso nível de resiliência não é estável; ele aumenta ou diminui dependendo de nossa saúde física, do número de demandas que estamos tentando atender e da quantidade de apoio social e conexão social que temos.

## Exploração:

### Uma Escala de Resiliência

Uma escala é uma boa maneira de rastrear nossos níveis de resiliência. Para criar a sua, você precisará de papel e canetas ou marcadores. Decida que tipo de linha você quer usar. Experimente linhas verticais, horizontais e que se curvam em suas próprias direções. Desenhe uma série de linhas para ver qual delas parece certa para esta exploração. Escolha uma cor para desenhar a linha para sua escala e, em seguida, outras cores para marcar os pontos ao longo do caminho.

Para começar, rotule as duas extremidades da sua escala de resiliência. Uma extremidade é onde você sente uma ausência de resiliência, e a outra extremidade é onde sente uma abundância de resiliência. Por exemplo, você pode definir "sem energia e sem interesse" para ausência e "resiliente e pronto" para abundância. Reserve um momento para encontrar suas palavras.

Agora, identifique vários pontos entre as extremidades. Você precisa de informações suficientes para encontrar seu lugar e nível geral de resiliência, então três é provavelmente o número mínimo de pontos necessários para rastrear sua resiliência com precisão. Você pode achar que certos pontos são mais fáceis de identificar e úteis quando começar a usar o processo. Gaste um tempo para nomear seus lugares.

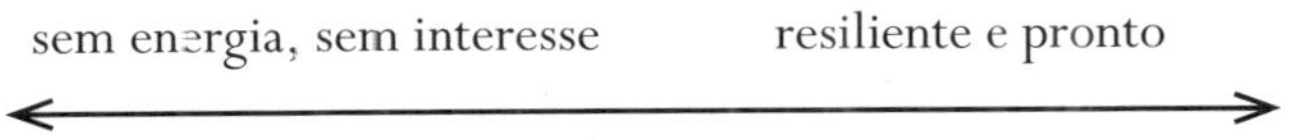


**Imagem 11.1** Uma escala de resiliência

Agora encontre seu lugar em sua escala pronta. Onde você está hoje? Qual é seu nível de resiliência neste momento?

Rastrear a resiliência é uma atividade contínua. O quanto nos sentimos resilientes orienta a forma como respondemos aos desafios em nossa vida diária, e o número e os tipos de desafios e recursos em nossa vida diária impactam nossa capacidade de resiliência. Crie uma prática de recorrer à sua escala e examinar-se. Quando sabemos onde estamos em nossa escala de resiliência, compreendemos melhor as razões pelas quais estamos pensando, sentindo e agindo de certas maneiras e temos um guia para dar os próximos passos para cuidar do nosso sistema nervoso.

## Autocuidado

Para muitas pessoas, o conceito de autocuidado é desafiador. Praticar o autocuidado é algo confundido frequentemente com egoísmo. Se olharmos através das lentes do sistema nervoso, o autocuidado é baseado na segurança e conexão vagal ventral, enquanto o egoísmo emerge de um estado de sobrevivência. Quando somos egoístas, estamos tentando atender a uma necessidade que vem de um lugar de medo. Reserve um momento para ver o que seu sistema nervoso tem a dizer sobre práticas de autocuidado. Ouça seu sistema nervoso e complete as seguintes frases:

> Quando estou em meu estado dorsal de colapso e desconexão, o autocuidado ______________________.
>
> Quando estou em um estado de mobilização simpática, o autocuidado ______________________.
>
> Quando estou ancorado em um estado ventral, o autocuidado ______________________.

Por exemplo, quando estou em um estado dorsal, posso dizer que o autocuidado não entra em meus pensamentos ou está fora de alcance; quando estou em um estado simpático, o autocuidado é uma perda de tempo ou vai atrapalhar, e quando estou em um estado ventral, o autocuidado é um ingrediente essencial para a saúde e me traz alegria.

É comum dizer "deveria" ou "não deveria" para nós mesmos quando começamos a olhar para o autocuidado. No entanto, essas palavras transmitem uma demanda, não um convite; transmitem uma indicação de perigo, não uma mensagem necessária e fortalecedora. Por exemplo, "Você deve se exercitar, meditar e sair com os amigos. Você não deve comer *junk food*, assistir tanta TV ou passar tanto tempo sozinho". Atente-se aos momentos em que você se ouve dizendo "deveria" ou "não deveria" e pare para perceber qual estado está ativo e o que está por trás dessa demanda.

Quando o autocuidado é guiado pelo sistema nervoso autônomo, há duas perguntas essenciais a serem consideradas: "O que meu sistema nervoso precisa neste momento?" e "O que estou fazendo está nutrindo meu sistema nervoso?". Atentar-se a essas duas perguntas é a base para criar práticas de autocuidado sustentáveis e autonomamente sensíveis.

O autocuidado emerge da variedade de opções encontradas em nosso sistema ventral. Em vez de ser uma rotina rígida, o autocuidado informado autonomamente inclui um menu de escolhas. Alguns dias, seu sistema nervoso autônomo estará cheio de energia com um freio vagal que relaxou para permitir a entrada dela, e outras vezes você sentirá as energias mais calmas do seu sistema ventral. Precisamos de uma variedade de atividades de autocuidado para que, a cada dia, tenhamos algo com que nos envolver que atenda às nossas necessidades mutáveis de fortalecimento autônomo.

Nossas crenças individuais sobre autocuidado são influenciadas pelas pessoas e lugares que fazem parte de nossas vidas diárias. As pessoas ao seu redor o incentivam a praticar o autocuidado ou acham que o autocuidado não é importante? Você mora em um lugar onde é fácil praticar o autocuidado? Você trabalha em um lugar que incentiva o autocuidado? Se estivermos cercados por pessoas que têm uma visão rígida sobre aquilo que constitui o autocuidado e vivem e trabalham em lugares que não o valorizam, podemos achar mais difícil ouvir e seguir nossas próprias necessidades. Quando estamos cercados por pessoas que incentivam, vivem e trabalham em lugares que valorizam o autocuidado, achamos mais fácil praticá-lo e criar atividades que nutram nosso sistema nervoso.

## Exploração:

## Círculo de Autocuidado

O círculo de autocuidado é uma maneira de começar a criar sua própria prática de autocuidado informada autonomamente. Desenhe um círculo em um pedaço de papel e divida-o em quatro quadrantes, com as linhas se estendendo para além do círculo. Use canetas ou marcadores coloridos para rotular os quatro quadrantes: físico, relacional, mental e espiritual. As instruções a seguir o levarão ao redor do círculo em uma ordem específica, mas você pode completar seu círculo em qualquer ordem que escolher. Conforme você percorre os quatro quadrantes, não se preocupe se alguns estiverem mais preenchidos do que outros. Muitas vezes temos quadrantes com mais atividades de autocuidado do que outros. O processo para criar seu círculo de autocuidado é primeiro trabalhar dentro do círculo, preenchendo os quadrantes com atividades nas quais você previsivelmente se envolve e, em seguida, retornar e trabalhar fora do círculo, adicionando atividades que você gostaria de explorar a cada um dos quadrantes.

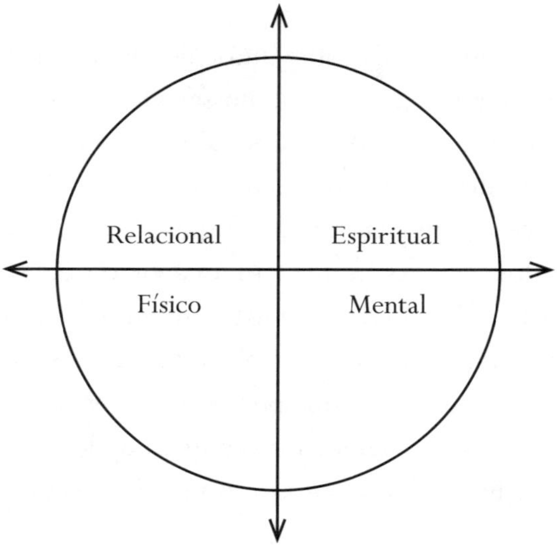


**Imagem 11.2** Círculo de autocuidado

## Dentro do círculo: Físico

Comece com o quadrante físico. No interior do quadrante, escreva as coisas que você previsivelmente faz no meio físico para seu autocuidado. Ao considerar as opções, pergunte a si mesmo se a ação é inspirada numa experiência vagal ventral, algo que você acha que deveria estar fazendo que vem de uma necessidade mais simpática, ou uma experiência vagal dorsal de passar pelos movimentos sem realmente se importar. Ao criar seu círculo de autocuidado, adicione só atividades que realmente o levem a um estado ventral ou aprofundem sua experiência ali.

## Dentro do Círculo: Relacional

Passe ao quadrante relacional. Se estiver usando marcadores, escolha uma cor diferente para este quadrante e, no interior do círculo, escreva as coisas que você faz com os outros que são momentos de autocuidado. Você pode ter conversas regulares com as pessoas, sair com a família e amigos ou pertencer a um grupo de cujas atividades ou reuniões você participe. Em qualquer uma de suas experiências relacionais, considere se você se sente preenchido ao fazê-las. Convide seu sistema nervoso para ajudá-lo a decidir o que é uma atividade verdadeiramente fortalecedora para si, inspirada no estado vagal ventral. Neste contexto relacional, se você não se sentir preenchido pela ação e conexão, ou se ela não o levar a um estado ventral, ela não pertence ao seu círculo de autocuidado.

## Dentro do Círculo: Mental

Passe ao quadrante mental e escolha um marcador de cor diferente. Pense nas coisas que você faz para exercitar sua mente. Você lê? Você assiste a certos programas? Você vai a palestras? Você joga? Reflita sobre suas atividades diárias e observe quais são atividades da mente que parecem momentos de autocuidado.

## Dentro do Círculo: Espiritual

Termine com o quadrante espiritual. Escolha uma nova cor de marcador. Nesta categoria, pensamos frequentemente em estarmos conectados a algo maior do que nós e encontrar significado e propósito em nossas vidas. Procure experiências que o levem a um fluxo de energia vagal ventral e o movam para a conexão com sua própria definição do que espírito e espiritualidade significam para você. Adicione o que encontrar ao seu círculo de autocuidado.

Reserve um momento para ver como seu círculo de autocuidado está ficando. Não é incomum que a mesma atividade apareça em quadrantes diferentes. Por exemplo, uma prática de ioga pode aparecer em todos os seus quadrantes: físico por seu movimento, relacional se você fizer isso com outras pessoas, mental conforme você exercita sua mente na prática de ioga e espiritual se você sentir essa conexão durante sua prática. Ao olhar para seu círculo, observe quais quadrantes estão preenchidos e parecem fortalecidos, e quais precisam de atenção.

## Fora do Círculo

O próximo passo é explorar o exterior do círculo. Escolha cores que você ainda não usou para denotar a intenção de experimentar algo novo. Comece com o quadrante físico e deixe seu sistema nervoso guiá-lo a pensar sobre o que pode ser divertido explorar. Escreva o que descobrir do lado de fora do círculo. Eu o encorajo a não editar o que você escutar de si. Só porque coloca algo do lado de fora do círculo não significa necessariamente que vai seguir em frente, mas isso permite que você saiba que, em algum lugar dentro de si, há o desejo de experimentar. Então, faça a mesma coisa com os quadrantes relacional, mental e espiritual. O que você gostaria de explorar? O que aparece? O que seu sistema nervoso está desejando?

## Estando Presente ao Seu Círculo

Depois de concluir seu círculo de autocuidado, observe o que está dentro e observe o que você está fazendo agora para nutrir seu sistema nervoso. Observe as coisas do lado de fora que identificou como interessantes, as quais você se sente convidado a tentar. Quadrantes cheios indicam as formas pelas quais você está desenvolvendo o seu autocuidado. Você pode firmar uma intenção de passar um tempo explorando um quadrante que esteja menos cheio. Quando temos coisas que fazemos previsivelmente em cada um dos nossos quadrantes, sentimos um equilíbrio em nossas atividades de autocuidado e colhemos os benefícios do bem-estar autônomo.

A última parte do exercício é definir um prazo para usar seu círculo de autocuidado. Leva um tempo para estabelecermos a construção de uma prática de realizar o autocuidado. Seis meses é um prazo comum, mas você pode decidir que três ou até nove meses parecem algo certo para si. Escreva a data que escolher em seu papel. Mantenha seu círculo de autocuidado em um local que você olhe regularmente. Verifique o que está dentro e experimente o que está fora.

Sua prática de autocuidado é um trabalho contínuo e em andamento. Ouça seu sistema nervoso, cuide do que é nutritivo e siga aquilo que lhe traz curiosidade. Esta não é uma atividade estática. Seu círculo de autocuidado reflete suas necessidades e práticas em mudança. Quando chegar à data escolhida, faça esta prática novamente. Veja o que mudou e crie seu próximo círculo de autocuidado.

## Oferecendo Energia Reguladora aos Outros

Quando fortalecemos nosso sistema nervoso e podemos ancorar na energia ventral, experimentamos bem-estar. Mesmo que sejamos puxados para fora da regulação para energias simpáticas e vagais dorsais, sabemos o caminho de casa. Quando habitamos esse lugar de regulação e navegamos nossos dias guiados por nosso sistema vagal ventral, não apenas experimentamos os benefícios do bem-estar, mas oferecemos nossa energia reguladora às pessoas ao nosso redor. De nossa âncora na energia ventral, sentimos os benefícios de nossa própria regulação e somos movidos a estender a mão. Assumimos a responsabilidade de ser uma influência reguladora para os outros não como um fardo que carregamos, mas como uma bênção que podemos compartilhar.

## Exploração:
## Entrando em Conexão

Quando nos abrimos com uma oferta de conexão, sintonizamos as conversas autônomas que estão acontecendo entre os sistemas. Reserve um momento e pense em alguém próximo a você. Olhe para a pessoa através das lentes do sistema nervoso autônomo. Quanto autonomamente regulada ou desregulada ela está? Ela está sentindo a segurança da conexão ou está presa em um padrão de proteção? Reserve um momento e veja se você consegue sentir o sistema dela. Traga alguma curiosidade sobre o que o sistema nervoso dela pode precisar para ajudá-la a voltar à segurança de seu próprio estado vagal ventral. Como sua presença reguladora pode ser útil?

Sabemos que o sistema nervoso é extremamente sensível à diferença entre um convite e uma solicitação. A linguagem é uma das maneiras pelas quais sentimos essa diferença. Podemos ser movidos a uma resposta de sobrevivência quando ouvimos frases como "você deveria" ou "você precisa" ou mesmo "seria bom para você". "Estou com você" pode parecer um convite à conexão, enquanto "Estou aqui para você" pode trazer uma sensação de distância. Experimente palavras que tragam uma resposta de sobrevivência e palavras que convidem à conexão.

Quando somos movidos a estender a mão e oferecer corregulação, às vezes, a escolha é simplesmente estar lá com outra pessoa, e outras, uma forma mais ativa de conexão é necessária. A comunicação entre dois sistemas nervosos é aonde vamos para encontrar as informações para orientar nossa escolha. Ancore no sistema ventral e seja curioso sobre o que outro sistema nervoso precisa. Experimente maneiras de oferecer conexão até encontrar a resposta que envia sinais de segurança e um convite para se conectar.

O estado do mundo muitas vezes parece esmagadoramente desregulado, e podemos ser rapidamente puxados para um estado de sobrevivência adaptável de luta e fuga simpática ou desconexão vagal dorsal, e desistir. Vemos isso nas respostas das pessoas próximas ao que está acontecendo em nosso mundo e, ainda assim, para mudar o mundo, para encontrar um caminho para a segurança e conexão onde as possibilidades surgem, precisamos de energia ventral para iluminar o caminho. Este trecho do poema *Startled by Earth*, do meu amigo e poeta Gary Whited, fala comigo sobre a energia do ventral.

*Fresh lit on an early morning*
*a candle flame offers a voice*
*so clear, so yellow, so inviting*
*that I listen.*

(Tradução livre:
"Recém-acesa em uma manhã,
a chama de uma vela oferece uma voz
tão clara, tão amarela, tão convidativa,
que eu escuto".)

Agora que chegamos ao final deste capítulo, retorne mais uma vez a uma prática de autocuidado. Encontre o caminho para seu lar ventral. Não tenha pressa enquanto viaja por esse caminho familiar. Absorva as vistas, os sons e as sensações ao longo do caminho. Convide seu sistema nervoso autônomo a lhe mostrar as formas pelas quais ele está sendo nutrido e pelo que ele anseia.

# 12

# Construindo uma Comunidade

Quando tentamos escolher algo por si só, descobrimos que aquilo está atrelado a tudo o mais no Universo.

JOHN MUIR

A ciência da segurança e conexão está crescendo a cada dia, e nossa compreensão de como o sistema nervoso funciona continua a se aprofundar. Embora aprender sobre o sistema nervoso possa, às vezes, parecer muito científico, na verdade, entender nossa biologia nos abre para o mistério e à magia da vida. Quando estamos ancorados na regulação ventral, há uma sensação de abundância. Temos a sensação de estarmos conectados a outros humanos e ao mundo de uma forma milagrosa. Em parte, chegamos a esse lugar de graça ao entender a ciência que nos mostra o caminho para ancorar em nosso lar no estado ventral.

O sistema nervoso, com seu fluxo de energia em constante mudança que nos traz muitas tonalidades de cada estado e nos move de um estado para outro, oferece um convite para uma aventura autônoma. Quando temos a capacidade de fazer as pazes, ancorar na energia ventral e estar com nossas experiências, ouvimos com interesse as mensagens que nosso sistema nervoso envia e ficamos curiosos sobre onde elas podem nos levar. Quanto mais forte for nossa âncora na regulação, mais oportunidades teremos de aproveitar os momentos de graça, admiração e beleza que, de outra forma, poderíamos perder. A cada batimento cardíaco, a cada respiração e em cada interação, nosso sistema nervoso está moldando nossas vidas e guiando nossas experiências. Quando fazemos as pazes com nosso sistema e atendemos às nossas necessidades de sermos fortalecidos, trazemos uma presença vagal ventral inspirada à medida que transitamos pelo mundo.

> Quando temos a capacidade de fazer as pazes, ancorar na energia ventral e estar com nossas experiências, ouvimos com interesse as mensagens que nosso sistema nervoso envia e ficamos curiosos sobre onde elas podem nos levar.

Mudanças profundas podem acontecer quando estamos ancorados na regulação ventral e começamos a viver a partir daquele lugar, onde há um senso de confiança. Nós transitamos pelo mundo dispostos a correr riscos, com a crença de que, quando dermos um salto, encontraremos uma aterrissagem segura. Quando vivemos da mobilização simpática, não acreditamos em nós mesmos nem confiamos que o mundo nos apoiará para fazermos uma mudança, e quando estamos em colapso dorsal, não conseguimos nem imaginar essa possibilidade. Quando estamos em qualquer um desses estados, ficamos presos em uma história criada em nossos caminhos de proteção. Somente quando vemos o mundo através dos olhos da conexão ventral somos capazes de começar a fazer escolhas diferentes sobre partes importantes de nossas vidas.

À medida que encontramos nosso caminho para ancorar na regulação ventral, começamos a experimentar mais bem-estar físico. Com um sistema nervoso regulado, os momentos de bem-estar aumentam, e algumas das velhas dores e condições crônicas com as quais vivemos começam a mudar. Quando sentimos um aumento no bem-estar físico, começamos a nos envolver com as pessoas e a nos conectar com o mundo de novas maneiras. Muitas vezes, notamos primeiro coisas simples, como desfrutar de uma refeição ou ter uma conversa amigável. Então, a partir deste lugar de prestar atenção às pequenas mudanças que estão acontecendo, começamos a notar outras maneiras mais relevantes de como nosso trabalho para ancorar na regulação ventral está fazendo a diferença. Somos capazes de defender aquilo em que acreditamos e pedir o que precisamos de um lugar de regulação em vez de um estado de proteção. Olhamos para o mundo com compaixão e nos conectamos com curiosidade. Ficamos fora de histórias de julgamento e entendemos as pessoas ao nosso redor não por um rótulo que descreva seus comportamentos, mas lembrando que elas estão em um estado de desregulação. Nossas interações com os outros são guiadas pela pergunta: "O que o sistema nervoso deles precisa neste momento para se sentirem seguros?".

## Caminhos para a Mudança

No mundo dos negócios, as empresas criam planos de lançamento de produtos para identificar a sequência de eventos que levarão à comercialização bem-sucedida de um novo bem. No mundo da remodelação autônoma, podemos criar um plano para dar suporte ao engajamento bem-sucedido com nosso processo de mudança pessoal. Pense nisso como seu projeto para lançar um sistema nervoso recém-moldado.

### Exploração:
### Plano de Lançamento do Sistema Nervoso

Quando escrevemos nosso plano de lançamento, começamos com um desejo. O que queremos trazer aqui? Que salto queremos dar? Então, adicionamos intenção, imagens, escrita e suporte social para guiar nosso desejo a se tornar realidade. As etapas para criar seu plano de lançamento pessoal a seguir recrutam seu sistema nervoso autônomo como um aliado. Em vez de confiar em nossos cérebros para liderar o caminho e arriscar cairmos na batalha entre cognição e capacidade, quando convidamos nosso sistema nervoso para o processo, garantimos que nosso estado autônomo criará a plataforma necessária para dar suporte ao nosso salto e a um pouso seguro.

Siga estas quatro etapas para criar seu plano de lançamento pessoal:

1. Defina a intenção: escreva sua intenção. Brinque com as palavras e crie uma declaração que chame sua atenção. Leia sua declaração para si e diga-a em voz alta. Lembre-se de como seu sistema nervoso diz "sim" e mude as palavras da maneira necessária para que seu sistema se sinta totalmente envolvido.
2. Crie uma imagem: ver para crer. A imagem é um pensamento com qualidades sensoriais. Crie uma imagem ricamente detalhada envolvendo todos os seus sentidos. Os três métodos de visualização a seguir convidam você a ver o resultado, as etapas e os lugares desafiadores ao longo do caminho. Explore cada um e recrute o sistema nervoso para dar vida à sua intenção com sucesso.

    - Visualização do resultado: visualizar o alcance de sua meta traz uma sensação de realização. A visualização do resultado envolve o vago ventral para saborear uma experiência de sucesso.
    - Visualização do processo: a visualização do processo leva você *daqui* para *lá*. Mantendo-se ancorado na regulação ventral, faça o caminho e veja cada passo ao longo dele.
    - Visualização crítica: quais são os desafios pelos quais você terá que navegar? Sinta os lugares onde seu sistema nervoso autônomo é desafiado e onde você pode precisar prestar mais atenção para trazer recursos reguladores.

3. Escreva seu plano: traga sua intenção e visualizações para uma forma concreta. Escreva seu plano em um formato que seja claro e fácil de seguir. Você pode escolher usar um esboço, escrever em parágrafos ou ilustrar seu plano com palavras e imagens. Deixe seu sistema nervoso autônomo mostrar o formato que o ajudará a seguir o plano.

4. Compartilhe seu plano: lembrando que o sistema nervoso busca e anseia conectar-se com os outros, encontre alguém com quem possa compartilhar seu plano. Se você criou uma microcomunidade (descrita mais adiante neste capítulo), compartilhe seu plano lá. Qual é a sensação de contar seu plano para outra pessoa? Rastreie sua resposta autônoma. Você está ancorado no estado ventral? Conforme compartilha seu plano, você encontra maneiras de mudá-lo? Ajuste-o da maneira que precisa para torná-lo um plano que o mantenha no lado da expansão da escala expansão-estresse.

Se o salto em que você está trabalhando envolve um ponto médio identificável, é bom reconhecer esse lugar em seu plano de lançamento. Enquanto em nosso trabalho com escalas usamos pontos médios para rastrear o movimento contínuo para frente e para trás entre dois lugares, em um plano de lançamento, o ponto médio apresenta uma experiência de antes e depois. Este é o momento em que percebemos que o próximo passo nos levará para fora do antigo, para o novo.

Recentemente, tive a experiência de chegar a um ponto médio e sentir a enormidade daquele momento. Percebi que era minha última chance de voltar atrás. A próxima ação seria o ponto de virada e, para encontrar meu caminho através do ponto médio, tive que voltar para ler minha intenção e revisar meu plano escrito para encontrar a garantia de que precisava para dar o próximo passo. O poder daquele momento me pegou de surpresa e foi um lembrete da importância de atender aos pontos médios.

Há dois lugares em seu plano de lançamento onde você pode procurar adicionar um ponto médio: (1) na visualização do processo como uma das etapas ao longo do caminho e (2) na etapa 3, quando você escrever seu plano, fale sobre cruzar o ponto médio.

## Conversas Autônomas

A escuta profunda emerge de um lugar de segurança e regulação ventral, onde nossa única intenção é estar presente e conectar, sistema nervoso a sistema nervoso. Quando ouvimos sem um plano, sem já pensar em como vamos responder ou mesmo ajudar, oferecemos a alguém a tão desejada, e muitas vezes ausente, experiência de ser bem-vindo, visto e ouvido. Só podemos entrar nessa conexão e ser uma testemunha se estivermos ancorados na segurança ventral, e só nos sentiremos testemunhados se estivermos com alguém que nos oferece essa experiência ventral. Ser mantido na presença de outro é um presente poderoso.

Gary Whited compartilhou comigo esses pensamentos sobre a experiência da escuta profunda:

> A escuta, quando se abre e nós estamos nos sentindo suficientemente seguros, leva à conexão com outras pessoas. Mas não para por aí. É também o veículo e o meio para nos conectarmos com tudo ao nosso redor. Quando nossa escuta se torna verdadeiramente recíproca, respondemos de um lado e do outro por meio de chamadas e respostas dentro da imensa rede interconectada que chamamos de universo, que nos cerca e sempre nos mantém. Nossa escuta se abre por meio de vários portais. Pensamos nisso comumente como um fenômeno auditivo, mas também passa por outros portais. Nós ouvimos com nossos ouvidos, sim, mas nós também ouvimos com nossos olhos, nossas mentes, nossos corações, nosso toque, e, para além de todas as sensações e percepções, ouvimos com nosso sistema nervoso autônomo.

As palavras de Gary são um adorável lembrete de que, em sua essência, escutar é uma experiência autônoma. Para realmente escutar, temos que estar abertos à conexão e nos sentir seguros o suficiente para entrar nesse espaço de vulnerabilidade. A escuta profunda só é possível quando estamos ancorados na segurança ventral. Quando conhecemos nosso lar ventral e como é estar nele em todas as suas manifestações, reconhecemos quando não estamos em casa. Para encontrar nosso caminho para escutar, precisamos estar atentos aos momentos em que não estamos em um lugar de segurança e regulação. Muitas vezes, é fácil reconhecer um estado de mobilização simpática pela maneira como o sentimos em nossos corpos, a maneira como a energia é sentida no mundo e as respostas das pessoas ao nosso redor. A desconexão dorsal é um pouco mais desafiadora, porque, em vez de ficarmos grandes e ocupar o espaço, desaparecemos, tornamo--nos invisíveis e muitas vezes somos ignorados conforme transitamos pelo mundo. As explorações nos capítulos anteriores nos ajudam a reconhecer quando estamos em casa na regulação ventral, a perceber quando saímos de nossa casa e a encontrar o caminho de volta para nos ancorarmos no estado de presença necessário para escutar em profundidade.

O sistema nervoso é um centro de envio e recebimento de informações que nos ajudam a navegar com segurança por nossas vidas diárias. Ele trabalha momento a momento não apenas dentro de nossos próprios sistemas individuais, mas em conexão com os sistemas nervosos ao nosso redor. Essa conversa autônoma está acontecendo dentro de nós mesmos e entre nós e os outros, entre nós e o ambiente, e entre nós e a espiritualidade. A cada instante, estamos transmitindo e absorvendo energia e informação. Estejamos ou não nos conectando intencionalmente com as pessoas ao nosso redor, estamos mantendo uma conversa autônoma. Conforme começamos a entender as maneiras pelas quais nosso sistema nervoso impacta as pessoas ao nosso redor e os lugares que habitamos, nós nos tornamos conscientes de nossa responsabilidade pelas maneiras pelas quais estamos nos movendo pelo mundo.

Seja em nosso mundo de trabalho ou em nossas vidas pessoais, a fórmula é a mesma. A conexão começa com uma neurocepção de segurança. De uma âncora ventral, somos uma presença acolhedora e segura para as pessoas ao nosso redor. Outros sistemas nervosos sentem a energia de segurança que estamos enviando e recebem um convite para entrar em conexão. Navegando de um estado de proteção, enviamos mensagens de perigo, e outros sistemas nervosos atendem ao aviso. É fortalecedor e também tranquilizador saber que a cada momento estamos enviando e recebendo sinais autônomos de boas-vindas ou avisos. Quando paramos e pensamos sobre as maneiras pelas quais nosso sistema nervoso está se comunicando, entendemos a importância de estar presente às informações autônomas que estamos enviando para o mundo.

## Momentos de Falta: Fazendo Reparos

Relacionamentos saudáveis e fortalecedores são naturalmente cheios de momentos de falta. Quando nós, ou as pessoas ao nosso redor, saímos da regulação, desalinhamentos e desconexão acontecem. Essas rupturas são uma parte normal e esperada de nossos relacionamentos e, quando são notadas, nomeadas e consertadas, formam uma base para conexões fortes e resilientes. Embora saibamos que ruptura e reparo são uma fórmula para se construir relacionamentos saudáveis, nem sempre somos hábeis no processo. Para consertar nossos momentos de falta, precisamos perceber a ruptura, nomeá-la com a outra pessoa e, então, encontrar o conserto certo.

### Exploração:
### Ruptura e Reparo

Quando as rupturas passam despercebidas e não são nomeadas, elas permanecem abaixo da superfície da consciência, moldando nossas histórias de relacionamento. Para trazer essas experiências implícitas para a consciência explícita, precisamos saber como nosso sistema nervoso envia um sinal de que houve uma ruptura. Comece a sintonizar isso lembrando uma ruptura que foi tão grande que não poderia passar despercebida. Como seu sistema nervoso deixou você saber sobre ela? Em seguida, passe para uma ruptura menor e observe os sinais. E, finalmente, reflita sobre um leve desajuste e veja como seu sistema nervoso transmitiu essa mensagem mais sutil.

Agora que você conhece os sinais de ruptura, pense em um relacionamento sobre o qual você se sente ambivalente ou em uma pessoa em sua vida com quem você tem uma conexão difícil. Existem rupturas que aconteceram e não foram reconhecidas? Se notarmos uma ruptura, mas não a nomearmos com a outra pessoa, a experiência permanece não conversada, colorindo nossa história e impactando nosso relacionamento. Quando recebemos a mensagem de desajuste e não a compartilhamos, ela fica em nosso sistema, local onde não está disponível para reparo e reconexão.

Quando notamos uma ruptura, a nomeamos e compartilhamos com alguém, mas não damos o passo final de fazer o conserto, ficamos sentindo a dor do momento. Quando nos envolvemos apenas nas primeiras partes do processo, ficamos desconectados e nos sentimos invisíveis ou não ouvidos. É quando concluímos as etapas de perceber e nomear a ruptura e, em seguida, fazer o reparo, que fortalecemos o relacionamento.

O caminho para o reparo é guiado pelo nosso sistema nervoso, então fazer um reparo pode assumir muitas formas. Encontrar o reparo que conserta a ruptura é um processo de escutar, oferecer e permanecer nele até que haja uma sensação de reconexão. Às vezes, um sincero "me desculpe" é o ideal, enquanto outras vezes não são palavras, mas ações que são necessárias. Pode ser que precisemos nos envolver em uma discussão e fazer um plano para fazer as coisas de forma diferente, ou simplesmente de um reconhecimento de responsabilidade e uma intenção de mudança. Não existe uma maneira única de se fazer um reparo. Existe apenas a maneira que nosso sistema nervoso diz que é o reparo certo para essa ruptura.

Embora seja importante trazer consciência para o momento de falta e encontrar o caminho de volta para a conexão, perceber, nomear e reparar nem sempre acontecem ao mesmo tempo. Podemos perceber e nomear — "Parece que acabamos de sair da conexão" — e então, se estivermos prontos, fazer o reparo. Só podemos fazer um reparo a partir de uma âncora na conexão ventral, então podemos não estar regulados o suficiente no momento da percepção para oferecer o reparo.

Nesses momentos, podemos nomear a ruptura, deixar a outra pessoa saber que não estamos sentindo regulação suficiente para nos envolvermos na próxima etapa em direção ao reparo e assumir o compromisso de retornar quando estivermos. Em outras ocasiões, estamos prontos para começar o reparo, mas a pessoa do outro lado não está autonomamente disponível para receber a oferta. Nesses momentos, podemos deixar a outra pessoa saber que reconhecemos que houve uma ruptura e estamos disponíveis para explorar o reparo quando ela se sentir pronta.

Quando guardamos momentos de falta ou perda em nosso sistema nervoso, eles colorem nossas conexões, e as histórias que são criadas frequentemente viajam conosco de um relacionamento a outro. As lições de ruptura e reparo que aprendemos em um relacionamento são autônomas e, muitas vezes, automaticamente transferidas para outros relacionamentos. Às vezes, as lições são anexadas a uma determinada categoria — pais, irmãos, amigos e colegas — e outras, as lições são generalizadas para todos os relacionamentos. Não apenas nossos relacionamentos são impactados dessas maneiras, mas, quando não lidamos com elas, as lições que tiramos de rupturas não reparadas são frequentemente passadas de geração para geração. As expectativas autônomas dos meus pais em torno de rupturas em relacionamentos afetam a maneira como eles se envolvem com os outros, e essas regras de relacionamento são implicitamente passadas para mim.

Junto a esses momentos de conexão, desconexão e reconexão de pessoa para pessoa, também nos envolvemos continuamente nas conversas autônomas universais que ocorrem naturalmente ao longo dos nossos dias. Quando estamos ancorados na regulação ventral, enviamos essa energia para o mundo. Em nossas conexões com as pessoas com quem vivemos e amamos, as pessoas com quem trabalhamos, as pessoas em nossas comunidades e as pessoas pelas quais simplesmente passamos durante o dia, nossa energia regulada tem um efeito profundo. Nos dias em que não estamos ancorados na segurança ventral, conforme transitamos pelo mundo, transmitimos sinais de perigo. Se estivermos em um estado de raiva ou ansiedade alimentado pelo sistema simpático ou com um teor dorsal de apenas seguirmos os movimentos, mas não estarmos realmente presentes, as pessoas ao nosso redor sentirão isso e terão uma resposta autônoma própria.

À medida que transitamos pelo fluxo e refluxo da regulação, enviamos mensagens de boas-vindas ou avisos de perigo para o mundo. Mesmo nos momentos de contato casual com as pessoas durante o curso do nosso dia, pequenas rupturas acontecem quando nossa energia de proteção é sentida. Embora não possamos voltar e nos reconectar com as pessoas pelas quais simplesmente passamos ao longo do dia e fazer um conserto, o reparo que podemos oferecer é perceber quando estamos atuando no dia a dia de nosso lar na regulação ventral e trazer consciência para enviar intencionalmente essa energia. Em vez de fazer um reparo direto de pessoa para pessoa, esta é uma oferta global de segurança e conexão. Assim como nossa desregulação envia sinais de perigo e pode iniciar uma cascata de outros sistemas nervosos se movendo para a proteção, estarmos ancorados na regulação também pode acabar sendo o sinal necessário para convidar outros sistemas nervosos a encontrar seu caminho para a conexão.

## Comunidades de Conexão

Nosso sistema nervoso busca e anseia por conexão. Ao longo de nossas vidas, buscamos oportunidades de corregulação. Recebemos grandes benefícios físicos e psicológicos ao fazer amizade com nosso sistema nervoso e aprender a ancorar na regulação, e quando compartilhamos nossas experiências com outras pessoas, os benefícios aumentam. Para apoiar nosso movimento autônomo em direção ao bem-estar, é útil ter pessoas em nossas vidas que estejam dispostas a compartilhar a jornada conosco. Um bom lugar para começar é com um parceiro polivagal. Encontre alguém que seja curioso e queira explorar com você. Procure

Recebemos grandes benefícios físicos e psicológicos ao fazer amizade com nosso sistema nervoso e aprender a ancorar na regulação, e quando compartilhamos nossas experiências com outras pessoas, os benefícios aumentam.

alguém que o ajude a ver o que está mudando e escutar suas novas histórias e que queira que você o ajude a ver como ele também está moldando novos caminhos. Convidar alguém para ser um parceiro polivagal é uma oportunidade de compartilhar o que você aprendeu sobre seu sistema nervoso e ajudar um amigo a começar a fazer as pazes com o sistema nervoso dele. Vocês podem compartilhar a experiência de ver o mundo através das lentes do sistema nervoso e escutar as histórias autônomas um do outro. Dentro dessa parceria polivagal, há um convite para experimentar a escuta profunda e a intimidade que emerge dessa forma de se estar em conexão.

Além de ter um parceiro polivagal para nos acompanhar nesse processo, nós nos beneficiamos da criação de uma microcomunidade. Nossa microcomunidade é um grupo de pessoas que reunimos intencionalmente para nos apoiar em nossa jornada de moldagem e reconstrução de nossas histórias. São pessoas com quem podemos contar para nos trazer uma recepção ventral, que conhecem nossos padrões e celebrarão nossos sucessos, saborearão conosco quando um padrão começa a mudar e nos ajudarão a reconhecer quando estivermos presos em um padrão de proteção. Elas oferecem o encorajamento de que precisamos, exatamente da maneira como precisamos, para nos manter avançando. Para fazer isso, as pessoas em nossas microcomunidades precisam ter uma compreensão básica de como o sistema nervoso funciona e conhecer os padrões particulares de conexão e proteção que nosso sistema nervoso usa para nos ajudar a navegar em nossas vidas diárias.

## Exploração:

## Criando uma Microcomunidade

### Reunindo Pessoas

Para começar a criar sua microcomunidade, considere estas perguntas:

> Quando você pensa nas pessoas em sua vida, quem gostaria de convidar para se tornar parte de sua microcomunidade?

Quais são as qualidades que elas trazem que você acha importantes para apoiar sua capacidade de permanecer ancorado em segurança, enquanto você molda e reconstrói a história?

Elas já falam a linguagem do sistema nervoso ou você precisa ensiná-las?

O que você aprendeu sobre suas vias autônomas que pode compartilhar com elas?

Quais são os sinais que quer que elas conheçam para que possam reconhecer quando você viajou para seu lar longe de casa?

## Criando a Estrutura

Depois que sua microcomunidade estiver reunida, o próximo passo é criar a estrutura para se envolver com os membros dela. Uma microcomunidade atende à nossa necessidade autônoma de conexão e pode ser utilizada de inúmeras maneiras. Ouça seu sistema nervoso e crie um plano para se envolver com as pessoas em sua microcomunidade e reunir o suporte necessário para explorar novos caminhos autônomos e incorporar novas histórias. Não há uma maneira única de estruturar essas conexões. A maneira "certa" é a maneira que você cria para se conectar com as pessoas em sua microcomunidade que o encoraja a expandir, mas não estressar, seu sistema. (Você pode usar sua escala de estresse-expansão do capítulo 8 para orientar suas escolhas.) Sua microcomunidade está lá para trazer o grau certo de desafio para você se sentir encorajado a continuar a dar seus saltos, sabendo que haverá suporte para suas aterrissagens.

Para criar uma estrutura para sua microcomunidade, considere as seguintes perguntas:

Quais são suas formas preferidas de se conectar? Quando e-mails ou mensagens são suficientes, e quando você quer escutar a voz de alguém e ver seu rosto?

Quais formas de conexão parecem organizadas e fortalecedoras, e quais parecem muito estruturadas e restritivas?

Com que frequência você quer manter contato com sua comunidade?

Compartilhe o que você aprendeu com os membros da sua microcomunidade.

## Dando Vida à Sua Comunidade

Com as pessoas em quem escolhe confiar no lugar e tudo que você agora sabe ser necessário para se conectar com segurança, dê vida à sua microcomunidade. Existem muitas maneiras de lançar uma microcomunidade. Pode ser que você queira fazer uma celebração para marcar o início ou um momento de silêncio para reconhecer o processo e apreciar as pessoas. Reserve um tempo para se voltar para dentro. Ouça e encontre o caminho que parece certo para si.

Nós nos conectamos uns com os outros não apenas para o bem-estar individual, mas para o bem-estar da nossa família humana. Lembrar que o sistema nervoso é um denominador comum em nossa experiência humana e que todos nós estamos viajando na mesma estrada autônoma nos ajuda a superar nossas diferenças e nos unir. A palavra *ubuntu* é parte da frase zulu *umuntu ngumuntu ngabantu*, que significa "uma pessoa é uma pessoa por meio de outras pessoas". Muitas vezes é traduzida como "eu sou, porque nós somos". Olhando através das lentes do sistema nervoso, sentimos a sabedoria de *ubuntu* nas maneiras pelas quais fomos configurados para a conexão.

Ao terminarmos nossa exploração de comunidades de conexão, podemos olhar para a floresta em busca de inspiração. As árvores nos mostram a necessidade de conexão para a sobrevivência através do que foi chamado de sistema nervoso da floresta.[1] Nós já aprendemos como uma árvore entrelaça suas raízes com outra árvore e se conecta a árvores vizinhas por meio de redes de fungos subterrâneos desses sistemas de raízes compartilhados, criando redes de suporte.[2] Como nós, as árvores prosperam com a comunidade. Uma única árvore se conecta abaixo do solo às árvores ao seu redor, duas árvores entrelaçam suas raízes e crescem juntas, e bosques de árvores se juntam e alcançam o céu. Traga à consciência as maneiras pelas quais você vive em comunidade. Você pode ficar sozinho e saber que está conectado a outros, envolver-se na reciprocidade de uma parceria polivagal e juntar-se à sua microcomunidade. Saboreie as maneiras pelas quais cada uma dessas conexões o nutre.

# CONCLUSÃO

Terminar o momento, encontrar o fim da jornada em cada passo da estrada, viver a maior quantidade de tempos bons é sabedoria.

RALPH WALDO EMERSON,
*ENSAIOS*

Observando através dos olhos do sistema nervoso autônomo, vemos um mundo de possibilidades duplas que se somam. Quando sabemos como nosso sistema nervoso é organizado, podemos tanto deixar de lado a vergonha e a culpa como nos tornar responsáveis pelas maneiras pelas quais navegamos pela vida diária. Somos capazes de sair da conexão para a proteção e encontrar o caminho de casa para a segurança ventral. Em vez de nos sentirmos presos em um estado de sobrevivência com escolhas limitadas, temos acesso à curiosidade, compaixão e autocompaixão, e a vida diária passa a incluir um clima de expansão e possibilidade.

Sabemos que a energia vagal ventral é o ingrediente essencial para o bem-estar, e quando há energia ventral suficiente, viva e ativa em nosso sistema, podemos encontrar o caminho para a segurança e a conexão. A energia ventral é acessível individualmente dentro de nossos próprios sistemas e na comunidade, conforme nos conectamos com os outros. Às vezes, encontramos o caminho de volta para a segurança ventral com momentos de autorregulação, e em outras, precisamos de outra pessoa para nos ajudar a encontrar nossa âncora. Com essas opções à nossa escolha, podemos alcançar o recurso certo para determinado momento. Cada vez que encontramos nosso jeito, aprofundamos os caminhos da conexão.

Estamos em uma busca para nos tornarmos operadores ativos de nosso sistema nervoso, habilidosos em ancorar na regulação ventral.

Estamos em uma busca para nos tornarmos operadores ativos de nosso sistema nervoso, habilidosos em ancorar na regulação ventral. Nosso sistema nervoso é moldado e remoldado a cada momento. O campo da genômica social humana está começando a nos mostrar como a maneira pela qual percebemos nosso mundo impacta nossa composição genética. As indicações de segurança e perigo que recebemos por meio de nossa neurocepção moldam nossa biologia.[1] Nosso sistema nervoso está envolvido em conversas contínuas com os outros e com o mundo ao nosso redor, e essas conversas influenciam nossa sensação de segurança e bem-estar. A cada respiração, nosso freio vagal está em ação. Quando paro e considero as energias que estão se movendo abaixo da superfície da consciência, e como elas moldam minha experiência diária, fico maravilhada.

Nossa jornada é em direção à ancoragem, para que possamos olhar para o exterior de uma nova maneira. Nossa exploração é voltada à nossa história e como nosso sistema nervoso responde às nossas experiências. Ver o mundo através das lentes do sistema nervoso é uma maneira diferente de navegar pela vida diária e geralmente é mais fácil explorar na companhia de outros. À medida que abraçamos nosso anseio biológico por conexão e construímos uma comunidade que fala a linguagem do sistema nervoso, utilizamos nossa própria capacidade de navegar dessa nova maneira e damos apoio aos outros enquanto eles exploram a ancoragem e a observação.

Retornando uma última vez para reconhecer o poder de possibilidades que se somam, quando aprendemos a ser responsáveis por nossa própria regulação e percorremos os caminhos autônomos de conexão, estamos moldando nossos próprios caminhos e moldando os caminhos em nossa comunidade global. É na experiência de encontrar nosso caminho para estarmos ancorados na segurança ventral e oferecer essas boas-vindas aos outros que começamos a mudar o mundo, um sistema nervoso de cada vez.

# AGRADECIMENTOS

Sempre fui curiosa pelas maneiras pelas quais nossos corpos e cérebros funcionam, tanto no meu trabalho clínico, ajudando as pessoas a encontrarem o caminho de volta à segurança após experiências traumáticas, quanto em encontrar meu próprio caminho através dos desafios da vida. Tenho um desejo profundo de entender como nós, humanos, somos constituídos. E enquanto eu estudava neurociência e até mesmo passava um tempo no laboratório de histologia vendo como o cérebro humano é construído, descobrir a Teoria Polivagal mudou o trabalho que faço, a forma como me compreendo e como me movo pelo mundo. Tive a sorte de aprender e colaborar com Stephen Porges, e ele e eu desenvolvemos uma profunda amizade. A mente brilhante e o espírito generoso de Steve são uma combinação rara, e sua presença na minha vida é um presente.

Escrever *Ancorado* foi um passo para além do meu mundo clínico familiar e rapidamente se tornou uma experiência de possibilidades que se somam — foi tanto uma alegria escrever para meus companheiros, seres humanos curiosos, quanto um desafio na busca pelas suas palavras. Houve momentos em que me sentia como se estivesse falando com um amigo, e a escrita fluía, e outros em que, não importava o quanto eu tentasse, as palavras me escapavam. Nos momentos em que escrever se tornou um desafio muito grande, e eu perdi a esperança de encontrar as palavras, as pessoas previsivelmente apareceram para me oferecer uma tábua de salvação vagal ventral. Durante os muitos meses de trabalho neste projeto, fui lembrada repetidamente que, enquanto escrevo na solidão, sou mantida em uma rede de pessoas sábias e maravilhosas.

Sou grata ao meu grupo de colegas que são minha caixa de ressonância e cuja sabedoria clínica ajuda a moldar minha escrita, e aos meus amigos que me confiaram suas histórias, que ajudam a dar vida às explorações. Quero agradecer especialmente ao meu amigo, Gary Whited, por compartilhar seu lindo trabalho, e a Anastasia Pellouchoud e Caroline Pincus, da Sounds True, que estavam lá para oferecer suporte quando esse projeto expandiu meu sistema. Como sempre, muito amor ao meu marido, Bob, que esteve ao meu lado em todas as minhas aventuras de escrita e me lembra que eu sei o caminho para meu lar ventral.

Entrelaçada nas páginas de *Ancorado* está minha esperança de que fazer as pazes com o sistema nervoso se torne uma parte rotineira da vida e que a linguagem da Teoria Polivagal seja falada nos lares de todos os lugares. Com profunda gratidão por você se juntar a mim nesta aventura inspirada no estado vagal ventral, envio um vislumbre para iluminar seu caminho.

— **DEB**

# NOTAS

## Capítulo 3: Aprendendo a Escutar

1. Kristin Neff e Christopher K. Germer, *The Mindful Self-Compassion Workbook: A Proven Way to Accept Yourself, Build Inner Strength, and Thrive* (Nova York: Guilford Press, 2018). [Ed. bras.: Manual de Mindfulness e Autocompaixão: Um guia para construir forças internas e prosperar na arte de ser seu melhor amigo. São Paulo:Artmed, 2019.]
2. Brenda Ueland, "Tell Me More", *Ladies' Home Journal* (Novembro de 1941).
3. Merriam-Webster, v.t.i. "listen", acessado em 31 de Agosto de 2020, merriam-webster.com/dictionary/listen.

## Capítulo 4: A Ânsia por Conexão

1. Theodosius Dobzhansky, *Mankind Evolving* (New Haven: Yale University Press, 1962), 150–52.
2. Marjorie Beeghly e Ed Tronick, "Early Resilience in the Context of Parent-Infant Relationships: A Social Developmental Perspective", *Current Problems in Pediatric and Adolescent Health Care* 41, n. 7 (2011): 197–201, doi.org/10.1016/j.cppeds.2011.02.005.

3. Sebern F. Fisher, *Neurofeedback in the Treatment of Developmental Trauma: Calming the Fear-Driven Brain* (Nova York: W. W. Norton & Company, 2014).

4. John T. Cacioppo e Stephanie Cacioppo, "Social Relationships and Health: The Toxic Effects of Perceived Social Isolation", *Social and Personality Psychology Compass* 8, n. 2 (2014): 58–72, doi.org/10.1111/spc3.12087.

5. Jenny De Jong Gierveld e Theo Van Tilburg, "The De Jong Gierveld Short Scales for Emotional and Social Loneliness: Tested on Data from 7 Countries in the UN Generations and Gender Surveys", *European Journal of Ageing* 7, n. 2 (Setembro de 2010): 121–30, doi.org/10.1007/s10433-010-0144-6; Jingyi Wang et al., "Associations Between Loneliness and Perceived Social Support and Outcomes of Mental Health Problems: A Systematic Review", *BMC Psychiatry* 18, n. 1 (2018), doi.org/10.1186/s12888-018-1736-5; Adnan Bashir Bhatti e Anwar ul Haq, "The Pathophysiology of Perceived Social Isolation: Effects on Health and Mortality", *Cureus* (2017), doi.org/10.7759/cureus.994.

6. Marinna Guzy, "The Sound of Life: What Is a Soundscape?" Smithsonian Center for Folklife and Cultural Heritage, 2017, folklife.si.edu/talkstory/the-sound-of-life-what-is-a-soundscape.

7. Guzy, "Sound of Life".

8. Alan S. Cowen et al., "Mapping 24 Emotions Conveyed by Brief Human Vocalization", *American Psychologist* 74, n. 6 (2019): 698–712, doi.org/10.1037/amp0000399; Emiliana R. Simon-Thomas et al., "The Voice Conveys Specific Emotions: Evidence from Vocal Burst Displays", *Emotion* 9, n. 6 (2009): 838–46, doi.org/10.1037/a0017810.

9. Louise C. Hawkley e John T. Cacioppo, "Loneliness Matters: A Theoretical and Empirical Review of Consequences and Mechanisms", *Annals of Behavioral Medicine* 40, n. 2 (2010): 218–27, doi.org/10.1007/

s12160-010-9210-8; John T. Cacioppo e Stephanie Cacioppo, "Social Relationships and Health".

10. John T. Cacioppo, James H. Fowler e Nicholas A. Christakis, "Alone in the Crowd: The Structure and Spread of Loneliness in a Large Social Network", *Journal of Personality and Social Psychology* 97, n. 6 (2009): 977–91, doi.org/10.1037/a0016076.

11. Mary Elizabeth Hughes et al., "A Short Scale for Measuring Loneliness in Large Surveys", *Research on Aging* 26, n. 6 (2004): 655–72, doi.org/10.1177/0164027504268574.

12. David Steindl-Rast, *May Cause Happiness: A Gratitude Journal* (Boulder, CO: Sounds True, 2018), unnumbered pages (approximately p. 41).

## Capítulo 7: Ancoragem na Segurança

1. Ulf Andersson e Kevin J. Tracey, "A New Approach to Rheumatoid Arthritis: Treating Inflammation with Computerized Nerve Stimulation", *Cerebrum: The Dana Forum on Brain Science* (2012): 3; M. Rosas-Ballina et al., "Acetylcholine-Synthesizing T Cells Relay Neural Signals in a Vagus Nerve Circuit", *Science* 334, n. 6052 (2011): 98–101, doi.org/10.1126/science.1209985; Vitor H. Pereira, Isabel Campos e Nuno Sousa, "The Role of Autonomic Nervous System in Susceptibility and Resilience to Stress", *Current Opinion in Behavioral Sciences* 14 (2017): 102–7, doi.org/10.1016/j.cobeha.2017.01.003; Rollin McCraty and Maria A. Zayas, "Cardiac Coherence, Self-Regulation, Autonomic Stability, and Psychosocial Well-Being", *Frontiers in Psychology* 5 (2014), doi.org/10.3389/fpsyg.2014.01090; Stephen W. Porges and Jacek Kolacz, "Neurocardiology Through the Lens of the Polyvagal Theory", in *Neurocardiología: Aspectos Fisiopatológicos e Implicaciones Clínicas*, ed. Ricardo J. Gelpi e Bruno Buchholz (Barcelona: Elsevier, 2018); Jennifer

E. Stellar et al., "Affective and Physiological Responses to the Suffering of Others: Compassion and Vagal Activity", *Journal of Personality and Social Psychology* 108, n. 4 (2015): 572–85, doi.org/10.1037/pspi0000010.

2. Bethany E. Kok et al., "How Positive Emotions Build Physical Health", *Psychological Science* 24, n. 7 (Junho de 2013): 1123–32, doi.org/10.1177/0956797612470827.

3. Andrea Sgoifo et al., "Autonomic Dysfunction and Heart Rate Variability in Depression", *Stress* 18, n. 3 (Abril de 2015): 343–52, doi.org/10.3109/10253890.2015.1045868; Gail A. Alvares et al., "Reduced Heart Rate Variability in Social Anxiety Disorder: Associations with Gender and Symptom Severity", *PLOS ONE* 8, n. 7 (2013), doi.org/10.1371/journal.pone.0070468; Angela J. Grippo et al., "Social Isolation Disrupts Autonomic Regulation of the Heart and Influences Negative Affective Behaviors", *Biological Psychiatry* 62, n. 10 (2007): 1162–70, doi.org/10.1016/j.biopsych.2007.04.011; Bethany E. Kok e Barbara L. Fredrickson, "Upward Spirals of the Heart: Autonomic Flexibility, as Indexed by Vagal Tone, Reciprocally and Prospectively Predicts Positive Emotions and Social Connectedness", *Biological Psychology* 85, n. 3 (2010): 432–36, doi.org/10.1016/j.biopsycho.2010.09.005; Fay C. M. Geisler et al., "The Impact of Heart Rate Variability on Subjective WellBeing Is Mediated by Emotion Regulation", *Personality and Individual Differences* 49, n. 7 (2010): 723–28, doi.org/10.1016/j.paid.2010.06.015.

4. Fred B. Bryant, Erica D. Chadwick e Katharina Kluwe, "Understanding the Processes That Regulate Positive Emotional Experience: Unsolved Problems and Future Directions for Theory and Research on Savoring", *International Journal of Wellbeing* 1, n. 1 (2011), doi.org/10.5502/ijw.v1i1.18; Paul E. Jose, Bee T. Lim e Fred B. Bryant, "Does Savoring Increase Happiness? A Daily Diary Study", *Journal of Positive Psychology* 7, n. 3 (2012): 176–87, doi.org/10.1080/17439760.2012.67

1345; Jennifer L. Smith e Fred B. Bryant, "Savoring and Well-Being: Mapping the Cognitive-Emotional Terrain of the Happy Mind", *The Happy Mind: Cognitive Contributions to Well-Being* (2017): 139–56, doi.org/10.1007/978-3-319-58763-9_8.

## Capítulo 8: Moldagem Suave

1. Richard P. Brown e Patricia L. Gerbarg, "Sudarshan Kriya Yogic Breathing in the Treatment of Stress, Anxiety, and Depression: Part I — Neurophysiologic Model", *Journal of Alternative and Complementary Medicine* 11, n. 1 (2005): 189–201, doi.org/10.1089/acm.2005.11.189; Ravinder Jerath et al., "Physiology of Long Pranayamic Breathing: Neural Respiratory Elements May Provide a Mechanism That Explains How Slow Deep Breathing Shifts the Autonomic Nervous System", *Medical Hypotheses* 67, n. 3 (2006): 566–71, doi.org/10.1016/j.mehy.2006.02.042; Marc A. Russo, Danielle M. Santarelli e Dean O'Rourke, "The Physiological Effects of Slow Breathing in the Healthy Human", *Breathe* 13, n. 4 (2017): 298–309, doi.org/10.1183/20734735.009817; Bruno Bordoni et al., "The Influence of Breathing on the Central Nervous System", *Cureus* (Janeiro de 2018), doi.org/10.7759/cureus.2724.

2. Elke Vlemincx et al., "Respiratory Variability Preceding and Following Sighs: A Resetter Hypothesis", *Biological Psychology* 84, n. 1 (2010): 82–87, doi.org/10.1016/j.biopsycho.2009.09.002; Elke Vlemincx, Ilse Van Diest e Omer Van den Bergh, "A Sigh Following Sustained Attention and Mental Stress: Effects on Respiratory Variability", *Physiology & Behavior* 107, n. 1 (2012): 1–6, doi.org/10.1016/j.physbeh.2012.05.013; Evgeny G. Vaschillo et al., "The Effects of Sighing on the Cardiovascular System", *Biological Psychology* 106 (2015): 86–95, doi.org/10.1016/j.biopsycho.2015.02.007.

3. India Morrison, Line S. Löken e Håkan Olausson, "The Skin as a Social Organ", *Experimental Brain Research* 204, n. 3 (2009): 305–14, doi.org/10.1007/s00221-009-2007-y; Mariana von Mohr, Louise P. Kirsch e Aikaterini Fotopoulou, "The Soothing Function of Touch: Affective Touch Reduces Feelings of Social Exclusion", *Scientific Reports* 7, n. 1 (2017), doi.org/10.1038/s41598-017-13355-7; Evan L. Ardiel e Catharine H. Rankin, "The Importance of Touch in Development", *Paediatrics & Child Health* 15, n. 3 (2010): 153–56, doi.org/10.1093/pch/15.3.153; Tiffany Field, "Touch for Socioemotional and Physical Well-Being: A Review", *Developmental Review* 30, n. 4 (2010): 367–83, doi.org/10.1016/j.dr.2011.01.001; Chigusa Yachi, Taichi Hitomi e Hajime Yamaguchi, "Two Experiments on the Psychological and Physiological Effects of Touching — Effect of Touching on the HPA Axis-Related Parts of the Body on Both Healthy and Traumatized Experiment Participants", *Behavioral Sciences* 8, n. 10 (2018): 95, doi.org/10.3390/bs8100095.

4. B. Spitzer e F. Blankenburg, "Stimulus-Dependent EEG Activity Reflects Internal Updating of Tactile Working Memory in Humans", *Proceedings of the National Academy of Sciences* 108, n. 20 (February 2011): 8444–49, doi.org/10.1073/pnas.1104189108; Charité–Universitätsmedizin Berlin, ed., "How a Person Remembers a Touch", ScienceDaily (2011), sciencedaily.com/releases/2011/05/110510101048.htm.

## Capítulo 9: Reconstruindo Histórias

1. Muriel A. Hagenaars, Rahele Mesbah e Henk Cremers, "Mental Imagery Affects Subsequent Automatic Defense Responses", *Frontiers in Psychiatry* 6 (Março de 2015), doi.org/10.3389/fpsyt.2015.00073.

## Capítulo 10: Experiências Autotranscendentes


1. Paul K. Piff et al., "Awe, the Small Self, and Prosocial Behavior", *Journal of Personality and Social Psychology* 108, n. 6 (2015): 883–99, doi.org/10.1037/pspi0000018; Sara B. Algoe e Jonathan Haidt, "Witnessing Excellence in Action: The 'Other-Praising' Emotions of Elevation, Gratitude, and Admiration", *Journal of Positive Psychology* 4, n. 2 (2009): 105–27, doi.org/10.1080/17439760802650519; David Bryce Yaden et al., "The Varieties of Self-Transcendent Experience", *Review of General Psychology* 21, n. 2 (2017): 143–60, doi.org/10.1037/gpr0000102; Dacher Keltner e Jonathan Haidt, "Approaching Awe, a Moral, Spiritual, and Aesthetic Emotion", *Cognition and Emotion* 17, n. 2 (2003): 297–314, doi.org/10.1080/02699930302297.

2. Robert A. Emmons e Robin Stern, "Gratitude as a Psychotherapeutic Intervention", *Journal of Clinical Psychology* 69, n. 8 (2013): 846–55, doi org/10.1002/jclp.22020.

3. Walter T. Piper, Laura R. Saslow e Sarina R. Saturn, "Autonomic and Prefrontal Events During Moral Elevation", *Biological Psychology* 108 (2015): 51–55, doi.org/10.1016/j.biopsycho.2015.03.004.

4. Adam Maxwell Sparks, Daniel M. T. Fessler e Colin Holbrook, "Elevation, an Emotion for Prosocial Contagion, Is Experienced More Strongly by Those with Greater Expectations of the Cooperativeness of Others", *PLOS ONE* 14, n. 12 (Abril de 2019), doi.org/10.1371/journal.pone.0226071.

5. James N. Kirby et al., "The Current and Future Role of Heart Rate Variability for Assessing and Training Compassion", *Frontiers in Public Health* 5 (Março de 2017), doi.org/10.3389/fpubh.2017.00040.

6. Jennifer L. Goetz, Dacher Keltner e Emiliana Simon-Thomas, "Compassion: An Evolutionary Analysis and Empirical Review", *Psychological Bulletin* 136, n. 3 (2010): 351–74, doi.org/10.1037/

a0018807; Jennifer E. Stellar et al., "Affective and Physiological Responses to the Suffering of Others: Compassion and Vagal Activity", *Journal of Personality and Social Psychology* 108, n. 4 (2015): 572–85, doi.org/10.1037/pspi0000010; Peggy A. Hannon et al., "The Soothing Effects of Forgiveness on Victims' and Perpetrators' Blood Pressure", *Personal Relationships* 19, n. 2 (2011): 279–89, doi.org/10.1111/j.1475-6811.2011.01356.x.

7. Charlotte van Oyen Witvliet, Thomas E. Ludwig e Kelly L. Vander Laan, "Granting Forgiveness or Harboring Grudges: Implications for Emotion, Physiology, and Health", *Psychological Science* 12, n. 2 (2001): 117–23, doi.org/10.1111/1467-9280.00320.

8. Loren Toussaint et al., "Effects of Lifetime Stress Exposure on Mental and Physical Health in Young Adulthood: How Stress Degrades and Forgiveness Protects Health", *Journal of Health Psychology* 21, n. 6 (2014): 1004–14, doi.org/10.1177/1359105314544132; Everett L. Worthington Jr. e Michael Scherer, "Forgiveness Is an Emotion-Focused Coping Strategy That Can Reduce Health Risks and Promote Health Resilience: Theory, Review, and Hypotheses", *Psychology & Health* 19, n. 3 (2004): 385–405, doi.org/10.1080/0887044042000196674; Kathleen A. Lawler et al., "A Change of Heart: Cardiovascular Correlates of Forgiveness in Response to Interpersonal Conflict", *Journal of Behavioral Medicine* 26, n. 5 (2003): 373–93, doi.org/10.1023/a:1025771716686.

## Capítulo 12: Construindo uma Comunidade

1. Valentina Lagomarsino, "Exploring the Underground Network of Trees — The Nervous System of the Forest", 6 de Maio de 2019, sitn.hms.harvard.edu/flash/2019/exploring-the-underground-network-of-trees-the-nervous-system-of-the-forest/.

2. Diane Toomey, "Exploring How and Why Trees 'Talk' to Each Other", Yale Environment 360, 1 de Setembro de 2016, e360.yale.edu/features/exploring_how_and_why_trees_talk_to_each_other.

## Conclusão

1. G. M. Slavich e S. W. Cole, "The Emerging Field of Human Social Genomics", *Clinical Psychological Science* 1, n. 3 (2013): 331–48.

# SOBRE A AUTORA

Deb Dana é graduada como assistente social clínica, atua em prática clínica e é consultora especializada em usar a perspectiva da Teoria Polivagal para entender e resolver o impacto do trauma e criar formas de trabalho que honrem o papel do sistema nervoso autônomo. Ela desenvolveu a Série de Treinamento Clínico sobre o Ritmo da Regulação e dá palestras internacionalmente sobre as formas como a Teoria Polivagal enriquece o trabalho com sobreviventes de trauma. Ela é membro fundadora do Instituto Polivagal, consultora clínica da Khiron Clinics e consultora da Unyte. As publicações clínicas de Deb incluem *The Polyvagal Theory in Therapy: Engaging the Rhythm of Regulation*, *Polyvagal Exercises for Safety and Connection: 50 Client-Centered Practices*, *Clinical Applications of Polyvagal Theory: The Emergence of Polyvagal-Informed Therapies* (com Stephen W. Porges); e *Polyvagal Flip Chart.*

Deb tem o prazer de ser parceira da Sounds True para levar sua perspectiva polivagal ao público amplo por meio de *Befriending Your Nervous System: Looking Through the Lens of Polyvagal Theory* e *Ancorado: Como Fazer as Pazes com Seu Sistema Nervoso Usando a Teoria Polivagal.*

Para saber mais, visite rhythmofregulation.com.

# SOBRE A SOUNDS TRUE

A Sounds True é uma editora multimídia cuja missão é inspirar e apoiar a transformação pessoal e o despertar espiritual. Fundada em 1985 e localizada em Boulder, Colorado, trabalhamos com muitos dos principais professores de espiritualidade, pensadores, curadores e artistas visionários do nosso tempo. Nós nos esforçamos com cada título para preservar a "sabedoria viva" essencial do autor ou artista. Nosso objetivo é criar produtos que não apenas forneçam informações a um leitor ou ouvinte, mas também incorporem a qualidade de uma transmissão de sabedoria.

Para aqueles que buscam transformação genuína, a Sounds True é seu parceiro de confiança. No SoundsTrue.com você encontrará uma riqueza de recursos gratuitos para apoiar sua jornada, incluindo entrevistas semanais exclusivas em áudio, downloads gratuitos, ferramentas de aprendizado interativas e descontos especiais em todos os nossos títulos.

Para saber mais, visite SoundsTrue.com/freegifts ou ligue para nós gratuitamente em 800.333.9185.

# ÍNDICE

Este livro foi impresso nas oficinas gráficas da Editora Vozes Ltda.,
Rua Frei Luís, 100 – Petrópolis, RJ.